Jochen Gürtler

Evaluierung von web-basierten Managementlösunger

Am Beispiel von SAP R/3

Bibliografische Information der Deutschen Nationalbibliothek:

Bibliografische Information der Deutschen Nationalbibliothek: Die Deutsche Bibliothek verzeichnet diese Publikation in der Deutschen Nationalbibliografie; detaillierte bibliografische Daten sind im Internet über http://dnb.d-nb.de/ abrufbar.

Copyright © 1998 Diplomica Verlag GmbH
Druck und Bindung: Books on Demand GmbH, Norderstedt Germany
ISBN: 9783838608365

http://www.diplom.de/e-book/216740/evaluierung-von-web-basierten-management-loesungen

Jochen Gürtler

Evaluierung von web-basierten Managementlösungen

Am Beispiel von SAP R/3

Diplom.de

Jochen Gürtler

Evaluierung von web-basierten Managementlösungen

Am Beispiel von SAP R/3

Diplomarbeit
an der Universität Fridericiana Karlsruhe (TH)
Januar 1998 Abgabe

Diplomarbeiten Agentur
Dipl. Kfm. Dipl. Hdl. Björn Bedey
Dipl. Wi.-Ing. Martin Haschke
und Guido Meyer GbR

Hermannstal 119 k
22119 Hamburg

agentur@diplom.de
www.diplom.de

ID 836

Gürtler, Jochen: Evaluierung von web-basierten Managementlösungen: Am Beispiel von SAP R/3 / Jochen Gürtler · Hamburg: Diplomarbeiten Agentur, 1998
Zugl.: Karlsruhe, Technische Universität, Diplom, 1998

Dipl. Kfm. Dipl. Hdl. Björn Bedey, Dipl. Wi.-Ing. Martin Haschke & Guido Meyer GbR
Diplomarbeiten Agentur, http://www.diplom.de, Hamburg
Printed in Germany

Diplomarbeiten Agentur

Wissensquellen gewinnbringend nutzen

Qualität, Praxisrelevanz und Aktualität zeichnen unsere Studien aus. Wir bieten Ihnen im Auftrag unserer Autorinnen und Autoren Wirtschaftsstudien und wissenschaftliche Abschlussarbeiten – Dissertationen, Diplomarbeiten, Magisterarbeiten, Staatsexamensarbeiten und Studienarbeiten zum Kauf. Sie wurden an deutschen Universitäten, Fachhochschulen, Akademien oder vergleichbaren Institutionen der Europäischen Union geschrieben. Der Notendurchschnitt liegt bei 1,5.

Wettbewerbsvorteile verschaffen – Vergleichen Sie den Preis unserer Studien mit den Honoraren externer Berater. Um dieses Wissen selbst zusammenzutragen, müssten Sie viel Zeit und Geld aufbringen.

http://www.diplom.de bietet Ihnen unser vollständiges Lieferprogramm mit mehreren tausend Studien im Internet. Neben dem Online-Katalog und der Online-Suchmaschine für Ihre Recherche steht Ihnen auch eine Online-Bestellfunktion zur Verfügung. Inhaltliche Zusammenfassungen und Inhaltsverzeichnisse zu jeder Studie sind im Internet einsehbar.

Individueller Service – Gerne senden wir Ihnen auch unseren Papierkatalog zu. Bitte fordern Sie Ihr individuelles Exemplar bei uns an. Für Fragen, Anregungen und individuelle Anfragen stehen wir Ihnen gerne zur Verfügung. Wir freuen uns auf eine gute Zusammenarbeit

Ihr Team der *Diplomarbeiten* Agentur

Dipl. Kfm. Dipl. Hdl. Björn Bedey —
Dipl. Wi.-Ing. Martin Haschke ——
und Guido Meyer GbR ———

Hermannstal 119 k ———
22119 Hamburg ———

Fon: 040 / 655 99 20 ———
Fax: 040 / 655 99 222 ———

agentur@diplom.de ———
www.diplom.de ———

Hiermit versichere ich, daß ich die vorliegende Arbeit selbständig und nur unter Verwendung der aufgeführten Literatur erstellt habe.

Karlsruhe, den 31.01.1998

1 Einführung

1.1 Motivation

Es gibt heute kaum eine Organisation, Firma, Behörde oder Einrichtung mehr, die ihre Aufgaben ohne den massiven Einsatz von „IT-Systemen" bewältigen könnte. Sind diese Systeme oder einzelne Komponenten nicht verfügbar, kann dies erhebliche Folgen haben, so daß ein permanentes Management dieser Systeme unumgänglich ist. Fehlersituationen müssen frühzeitig erkannt werden; das Zusammenspiel der unzähligen Teilkomponenten muß organisiert und überwacht werden. Leistungsengpässe müssen analysiert und behoben werden.

Diese Aufgaben werden mit dem steigenden Grad der Verteilung solcher Systeme immer komplexer und sind nur noch mit leistungsfähigen Managementwerkzeugen zu bewältigen. Es bedarf demnach universell einsetzbarer Netzwerk- und Systemmanagementlösungen, die in den verschiedensten Systemlandschaften lauffähig sind.

Viele heute verfügbaren Managementplattformen sind aber proprietär, und trotz einiger Versuche, „Managementstandards" zu etablieren, gibt es nach wie vor Probleme, unterschiedliche Lösungen zu kombinieren.

Nicht zuletzt durch den großen Erfolg und die allgemeine Akzeptanz des Internets und den damit verbundenen Technologien sind andererseits Softwareverteilungsproblemlösungen oder plattformunabhängige Lösungen in neuer Qualität möglich. Somit liegt es nahe, gerade diese Möglichkeiten und Konzepte in Netzwerk- und Systemmanagementlösungen zu integrieren und diese somit „web-basiert" zu realisieren.

1.2 Aufgabenstellung

Ziel dieser Arbeit war zum einen die Darstellung der Chancen und Risiken, die der Einsatz von web-basierten Managementlösungen mit sich bringt, sowie die Einordnung dieser Lösungen in schon bestehende Managementarchitekturen.

Neben dieser allgemeinen Betrachtung sollten zudem zwei konkrete Ansätze für web-basiertes Management verglichen und bewertet werden. Diese waren einerseits die „Web Based Enterprise Management" (WBEM) Architektur, die von Microsoft vorangetrieben wird, und andererseits Suns „Java Management API" (JMAPI).

Im praktische Teil der Arbeit sollten ein Framework entworfen und implementiert werden, das die beispielhafte Anwendung dieser beiden Ansätze auf eine web-basierte Managementlösung für ein SAP R/3-System ermöglicht. Dadurch sollte es möglich sein, die theoretischen Erkenntnisse über die beiden Ansätze in der Praxis zu überprüfen und zu erweitern.

1.3 Zusammenfassung der Ergebnisse

Die im Rahmen dieser Arbeit vorgestellten und verglichenen Lösungsansätze für web-basiertes Management, WBEM und JMAPI, offenbaren an vielen Stellen Gemeinsamkeiten (z.b. in der grundsätzlichen Architektur oder der zentralen Managerrolle). Unterschiede wurden vor allem im verwendeten Objektmodell zur Modellierung einer Systemlandschaft deutlich. In diesem Punkt beinhaltet WBEM mit dem „Common Information Model" (CIM) die zukunftsweisendere Technologie. JMAPI wiederum unterscheidet sich von WBEM nicht zuletzt durch die sehr restriktive Definition einer JMAPI-konformen Benutzungsschnittstelle.

Beide Ansätze sind jedoch mit Beendigung dieser Arbeit immer noch in einem sehr „dynamischen" Zustand, so daß in zukünftigen Versionen noch mit (mehr oder weniger) einschneidenden Änderungen und Erweiterungen zu rechnen ist.

Neben der theoretischen Betrachtung stand die Implementierung eines Frameworks im Vordergrund, das die Integration beider Managementansätze ermöglichte und eine beispielhafte Anwendung dieser Technologien auf das SAP R/3-System zuließ.

Durch Einführung der „Common Access Layer" (CAL) konnten GUI-Komponenten implementiert werden, die unabhängig von der darunterliegenden Managementarchitektur die Darstellung von R/3-relevanter Managementinformation zulassen. Diese Managementinformation konnte unter Verwendung der in der Version 4.0 des R/3-Systems neueingeführten „Monitoring Architecture" abgegriffen werden und dem Framework über spezielle Agenten zur Verfügung gestellt werden.

Die praktische Realisierung einer web-basierten Managementlösung hat wesentlich zum besseren Verständnis der Chancen und Risiken geführt, die diese neu entstehende Art und Weise eines Netz- und Systemmanagment beinhalten.

1.4 Gliederung dieser Arbeit

Die vorliegende Arbeit gliedert sich in die folgenden Kapitel:

In **Kapitel 2** wird der derzeitigen Stand im Netzwerk- und Systemmanagement beschrieben und Möglichkeiten und Grenzen dieser Lösungen dargestellt. **Kapitel 3** führt daraufhin in die grundlegenden Ideen des web-basierten Managements ein, stellt Vorteile und Probleme dar und versucht eine Einordnung der daraus entstehenden Lösungen in bestehende Netzwerk- und Systemmanagementlösungen.

Kapitel 4 und 5 vergleichen anschließend detailliert die beiden in dieser Arbeit betrachteten Ansätze für web-basiertes Management: zum einen die „Web Based Enterprise Management" (WBEM) Architektur und zum anderen die „Java Management API" (JMAPI). Nach dieser ausführlichen Darstellung werden in **Kapitel 6** schließlich diese beiden Ansätze auf Basis der in den bisherigen Kapiteln gewonnenen Erkenntnissen verglichen.

Kapitel 7 leitet daraufhin zum praktischen Teil dieser Arbeit über, indem es ganz allgemein das R/3-System, sowie die darin enthaltenen Möglichkeiten des (System-) Managements beschreibt. Schwerpunktmäßig wird dabei auf die „Monitoring Architecture" eingegangen. Darüberhinaus werden die

Möglichkeiten und Anforderungen aufgezeigt, die ein web-basiertes Management für das R/3-System mit sich bringt.

Während in **Kapitel 8** zuerst Ziele und Architektur des implementierten Frameworks in abstrakter und allgemeiner Weise beschrieben werden, stellt **Kapitel 9** darauf aufbauend die konkreten Implementierungsschritte und die damit verbundenen Probleme dar.

Kapitel 10 schließlich faßt zum einen die gewonnenen Erkenntnisse noch einmal zusammen und nimmt eine abschließende Bewertung der untersuchten Lösungsansätze vor. Zum anderen werden zukünftige Entwicklungen im web-basierten Management sowie mögliche Fortsetzungen dieser Arbeit aufgezeigt und besprochen.

2 Netzwerk- und Systemmanagement

Bevor in den nächsten Kapiteln auf web-basierte Managementlösungen eingegangen wird, soll an dieser Stelle zum einen ein kurzer Überblick über grundsätzliche Gedanken und Begriffe im Bereich des Netz- und Systemmanagements gegeben werden. Zum anderen sollen die zwei wichtigsten Plattformen in diesem Bereich vorgestellt werden: das Internet-Management und das OSI-Management. Verständlicherweise kann im Rahmen dieser Arbeit nicht in aller Breite auf diese Themen eingegangen werden; einen guten Überblick liefert z.B. [HS93].

2.1 Einführung

2.1.1 Definition

„Unter dem Begriff Netz- / Systemmanagement versteht man die Summe aller Verfahren und Produkte zur Planung, Konfiguration, Steuerung, Überwachung, Fehlerbehebung sowie Verwaltung von Rechnernetzen und verteilten Systemen. Dabei soll eine benutzerfreundliche und wirtschaftliche Unterstützung der Betreiber und Nutzer bei ihrer Arbeit mit dem Netz und seinen Komponenten erreicht werden. Es handelt sich somit um die Gesamtheit von Vorkehrungen und Aktivitäten zur Sicherstellung des effektiven und effizienten Einsatzes der zu verwaltenden Ressourcen. " [HS93]

2.1.2 Managementinformation

Zur Erfüllung von Managementaufgaben werden Informationen benötigt, welche in den von der Aufgabe betroffenen Komponenten zur Verfügung gestellt werden müssen. Dabei muß sowohl ein lesender als auch schreibender Zugriff vorgesehen werden, damit Managementanwendungen diese Werte auch verändern können.

Modell

Um heterogene Systemlandschaften „managen" zu können, darf der Zugang zu dieser Managementinformation nicht gerätespezifisch sein. Vielmehr muß ein Modell einer Systemkomponenten erstellt werden, das einer Managementapplikation einerseits eine einheitliche Schnittstelle auf die verfügbare Managementinformation bietet, und andererseits die Beschaffung der gewünschten Daten von der konkreten Systemkomponente erlaubt.

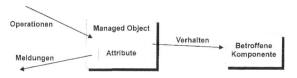

Abbildung 2.1–1 Schematische Darstellung eines "Managed Objects"

„Managed Object"

Solch ein Modell einer Systemkomponenten, die im Prinzip nur die management-relevanten Eigenschaften dieser Komponenten enthält, wird i.a. „Managed Object" genannt. Ein „Managed Object" wird durch seine Attribute, die verfügbaren Operationen, die möglichen Meldungen und das vorhandene Verhalten beschrieben. Abbildung 2.1-1 zeigt eine schematische Darstellung eines „Managed Object".

2.2 Internet-Management

SNMP-Management

Das Internet-Management stellt derzeit den De-facto Standard für die Implementierung von herstellerübergreifenden Managementlösungen dar. Zentraler Bestandteil ist das „Simple Network Management Protocol" (SNMP), wodurch man gelegentlich auch vom SNMP-Management spricht.

IAB

Das Internet-Management wurde vom „Internet Activities Board" (IAB) entwickelt und spezifiziert. Das oberste Design-Ziel läßt sich am Besten mit *„einfach und implementierungsfreundlich"* beschreiben.

Im folgenden sollen die verwendete Managementarchitektur, das zugrunde liegende Informationsmodell und das SNMP Managementprotokoll näher beschrieben werden (Details können u.a. [Bla94] oder [Sta93] entnommen werden).

2.2.1 Die Architektur

Client-Server-Prinzip

Die Architektur des Internet-Managements basiert auf dem Client-Server-Prinzip, wobei der Client üblicherweise als „Agent" und der Server als „Manager" bezeichnet wird. Manager und Agent können über SNMP miteinander kommunizieren und Daten austauschen.

„Managed Node"

Jeder Agent läuft auf einem sogenannten „Managed Node"; ein „Managed

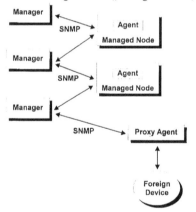

Abbildung 2.2–1 Die Architektur des Internet-Managements

Node" kann dabei eine beliebige Systemkomponente sein, die managementrelevante Information bereitstellen kann. Dabei werden zum einen Endgeräte wie Rechensysteme (also z.B. Workstations oder PCs) oder Drucker und zum anderen Kommunikationskomponenten (wie z.B. „Gateways" oder „Bridges") unterschieden.

Verschiedene Manager können auf dieselben Agenten zugreifen; eine Kommunikation zwischen den Managern ist aber *nicht* möglich.

Der Manager übernimmt die eigentlichen Managementaufgaben, die von der einfachen grafischen Aufbereitung der von einem Agenten erhaltenen Informationen bis hin zu komplexer Managementfunktionalität reichen kann. Grundsätzlich wird im Internet-Management versucht, die Agenten möglichst einfach zu halten, und keine Managementfunktionalität in den Agenten zu integrieren.

Mit Hilfe des „Proxy-Managements" können Systemkomponenten in das Internet-Management integriert werden, auf denen i.d.R. kein „Managed Node" laufen kann (Beispiele für solche Komponenten sind passive Ressourcen wie Verbindungselemente oder Ressourcen, die Teil einer anderen Protokollwelt sind). Diesen Systemkomponenten werden spezielle „Proxy-Agents" vorangestellt, die die Managementinformation beschaffen und dem Manager über SNMP bereitstellen.

Abbildung 2.2-1 soll die Architektur des Internet-Management verdeutlichen.

2.2.2 Das Informationsmodell

Aufgabe des Informationsmodells ist es, eine geeignete Beschreibungstechnik für die im Agenten zu haltende und über SNMP abzufragende Managementinformation vorzugeben.

Der Anteil des Agenten, der eben diese Information beinhaltet, wird als „Management Information Base" (MIB) bezeichnet. Innerhalb der MIB wird aber nicht definiert, in welchen lokalen Datenstrukturen oder Speichermedien diese Informationen abzulegen sind.

Es wird desweiteren zwischen der „Internet-MIB" und der „Agenten-MIB" unterschieden:

♦ **Internet-MIB**

Die Internet-MIB definiert, welche Managementobjekte in einem Agenten überhaupt auftreten können und wie diese strukturiert und identifiziert werden können. Die Internet-MIB wird auch Internet-Registrierungsbaum genannt.

♦ **Agenten-MIB**

Die Agenten-MIB beinhaltet die von dem „Managed Node" bereitgestellten Managementobjekte inklusive der jeweils aktuellen Objektwerte, die vom Manager abgefragt werden können.

An dieser Stelle ist es wichtig anzumerken, daß die Internet-Beschreibungstechnik *nicht* objektorientiert sondern tabellenbasiert ist. Das hat u.a. zur Folge, daß der Internet-Registrierungsbaum sehr schnell sehr groß und unübersichtlich werden kann. Allerdings gewährleistet sie eine weltweit eindeutige Identifizierung der Managementinformation.

2.2.3 Das „Simple Network Management Protocol" (SNMP)

Obwohl das Internet-Management auch den Einsatz anderer Managementprotokolle erlaubt, ist das „Simple Network Management Protocol" (SNMP) das derzeit am häufigsten eingesetzte Managementprotokoll innerhalb der Internet-Welt.

Aufgabe

Die Aufgabe von SNMP besteht darin, für den Manager einen lesenden und schreibenden Zugriff auf die sich in den Agenten befindlichen Instantiierungen von Managementobjekten zu ermöglichen.

Der Manager bedient sich hierzu bestimmter SNMP-Operationen, die er als asynchronen „Request" an den Agenten schickt. Der Agent antwortet nach Erledigung dieses „Requests" mit einem „Response". Neben einer Reihe von Operationen, die vom Manager initiiert werden (es gibt z.B. Operationen für den lesenden oder schreibenden Zugriff oder für das Durchwandern der Agenten-MIB), bietet SNMP mit den sogenannten „SNMP-Traps" auch die Möglichkeit, daß der Agent von sich aus dem Manager Informationen übermitteln kann, ohne dafür eine Aufforderung erhalten zu haben.

2.2.4 Bewertung

Die vor allem für die Praxis wichtigste Stärke des Internet-Managements liegt in der einfachen Umsetzung der Spezifikationen in *lauffähige* Implementierungen. Dadurch hat sich das Internet-Management zum De-facto Standard für Managementlösungen entwickelt.

Nichtsdestotrotz beinhaltet das Internet-Management einige konzeptuelle Schwächen und Lücken, das es für den Einsatz im Applikations- und Systemmanagement weniger geeignet erscheinen läßt. Im einzelnen lassen sich folgende Problemfelder erkennen:

♦ **Sicherheitsaspekt**

   Die im Internet-Management integrierten Sicherungsmechanismen sind nicht ausreichend und bieten keinen wirkungsvollen Schutz vor einem unauthorisierten Eingriff in das Managementsystem.

♦ **Statische Rollenverteilung**

   Die in der Managementarchitektur definierte Rollenzuteilung von Agent und Manager ist statisch; ein Agent kann demnach nie als Manager fungieren.

♦ **Beschreibungstechnik**

   Die verwendete Beschreibungstechnik ist nicht objektorientiert, was speziell bei großen Systemen unübersichtliche Systemmodelle erzeugt. Desweiteren können die einzelnen MIBs nur schwer wiederverwendet werden, da objektorientierte Techniken wie Vererbung nicht vorhanden sind.

♦ **Lückenhafte Standardisierung**

   Innerhalb des Internet-Managements wird lediglich die Beschreibung der Managementobjekte über MIBs sowie die Kommunikation zwischen Agenten und Managern mittels SNMP standardisiert. Es fehlen Standardisierungen auf Agenten- und Applikationsebene (und speziell deren Erweiterung), die den Austausch dieser Komponenten über Systemgrenzen hinweg ermöglichen.

2.3 OSI-Management

Innerhalb des OSI-Managements wird das Management von „offenen Systemen" betrachtet. Unter einem „offenen" System versteht man in diesem Zusammenhang Systeme, die sich aus Sicht der Kommunikation gemäß dem OSI-Referenzmodell verhalten.

OSI-Management setzt sich im aus zwei wesentlichen Aspekten zusammen: zum einen aus dem autonomen Management einzelner offener Systeme und zum anderen aus dem Management durch Kooperation mit anderen offenen Systemen.

Die Architektur des OSI-Managements wird im wesentlichen durch vier verschiedene Teilmodelle festgelegt, die im folgenden kurz vorgestellt werden sollen (Details können z.B. [Sei94] entnommen werden).

2.3.1 Das Organisationsmodell

Innerhalb des Organisationsmodells des OSI-Managements werden mögliche Rollenverteilungen und gegebenenfalls ein Domänenkonzept definiert.

Rollenverteilung

Mögliche Rollen die ein OSI-System einnehmen kann, sind die Manager-Rolle und die Agenten-Rolle. Im Gegensatz zum Internet-Management ist diese Rollenzuteilung keineswegs statisch; u.U. kann ein OSI-System sogar beide Rollen gleichzeitig wahrnehmen.

Managementprotokolle

Um Managementinformation auszutauschen, kommunizieren Manager und Agent wie schon im Internet-Management über bestimmte Managementprotokolle miteinander. Ausgetauscht werden Operationen auf MOs, Ergebnisse von Operationen, Meldungen von Objekten und Fehlermeldungen. MOs können asynchron Meldungen absetzen ohne vorher von einem Manager dazu aufgefordert worden zu sein. MOs werden in diesem Zusammenhang als „aktiv" bezeichnet.

2.3.2 Das Informationsmodell

Objektorientierung

Im Gegensatz zum Internet-Management verwendet das OSI-Management einen konsequent *objektorientierten* Ansatz. D.h. insbesondere, daß Vererbungsmechanismen vorhanden sind (es ist sowohl Einfach- als auch Mehrfachvererbung möglich).

Managementobjekte

Die einzelnen Managementobjekte (MOs) bieten an ihrer Schnittstelle Methodenaufrufe an und ermöglichen so den Zugang zu den auf die Objekte wirkenden Operationen. Einzelne MOs können als Ganzes oder nur über einzelne Attribute angesprochen und verändert werden. Ein MO wird dabei, wie schon weiter oben ausgeführt, durch seine Attribute, durch die möglichen Aktionen und Meldungen sowie durch das vorhandene Verhalten beschrieben.

Objekte mit gleichen Eigenschaften können zu einer Objektklasse zusammengefaßt werden. Ein einzelnes Objekt wird dann als Instantiierung dieser Objektklasse betrachtet.

MIB

Die Managementobjekte eines einzelnen OSI-Systems bilden die „Management Information Base" (MIB)

2.3.3 Das Kommunikationsmodell

Um Managementaufgaben erfüllen zu können, müssen zwischen den kooperierenden offenen Systemen Managementinformationen ausgetauscht werden. Das OSI-Kommunikationsmodell kennt dazu drei verschiedene Managementkategorien:

◆ **Schichtenübergreifendes Management**

Das schichtenübergreifende Management betrifft das Gesamtmanagement-Verhalten kooperierender Systeme. Es äußert sich in verteilten Managementanwendungen.

◆ **Schichtenmanagement**

Das Schichtenmanagement betrifft Funktionen, Dienste und Protokolle, die spezifisch für eine Schicht sind und die Dienste höherer Schichten nicht benötigen.

◆ **Protokollmanagement**

2.3.4 Das Funktionsmodell

Managementaktivitäten können verschiedenen Funktionsbereichen zugeordent werden. Das OSI-Management kennt fünf solcher Funktionsbereiche:

◆ **Konfigurationsmanagement**

In diesen Funktionsbereich fallen Aktivitäten wie z.B. das Definieren und Benennen von Betriebsmitteln, das Initialisieren und Löschen von MOs oder das Sammeln von Zustandsdaten.

◆ **Fehlermanagement**

Innerhalb dieses Bereiches werden Aufgaben wie das Erkennen, Lokalisieren oder Beheben von Störungen erledigt.

◆ **Leistungsmanagement**

Das Leistungsmanagement dient dem Sammeln von statistischen Daten und dem Aufzeichnen der Netzhistorie zur Verbesserung des Leistungsverhaltens von Betriebsmitteln.

◆ **Abrechnungsmanagement**

In diesen Funktionsbereich fallen Aufgaben wie die Benutzerverwaltung oder die Festlegung und das Abrechnen der MO-Nutzung und des Betriebsmittelverbrauches.

◆ **Sicherheitsmanagement**

Innerhalb dem Sicherheitsmanagement werden Aufgaben der Authentisierung, der Zugangsüberwachung und der Schlüsselverwaltung durchgeführt.

Innerhalb des OSI-Managements werden für jeden dieser Bereiche die erwartete Funktionalität, die Prozeduren, die notwendig sind, um die Bereichsfunktionalität zu erbringen, sowie die Managementobjektklassen, die für diesen Bereich wichtig sind, definiert.

2.3.5 Bewertung

Im Vergleich zum Internet-Management stellt das OSI-Management eine sehr mächtige Architektur dar.

Das integrierte Informationsmodell bietet reichhaltige und flexibel einsetzbare Mittel zur Strukturierung von MIBS und Objektdaten. Organisations- und Kommunikationsmodell sind allerdings noch nicht abschließend oder vollständig standardisiert.

Trotz der konzeptuellen Stärken des OSI-Managements gibt es nach wie vor nur wenig funktionsfähige Implementierungen, was sicherlich mit der damit verbundenen Komplexität zu begründen ist, so daß wie, weiter oben bereits erwähnt, in der Praxis vor allem das Internet-Management zum Einsatz kommt.

3 Web-basiertes Management (WBM)

3.1 Einführung

3.1.1 Definition

Definition

Unter *web-basiertem Management* (WBM) versteht man den Einsatz und die Nutzung von „Web-Servern" und „Web-Browsern" (und gegebenenfalls weiteren Internet-Techniken), um die klassischen Netzwerk- und System-management-Funktionen wie „Monitoring", „Trouble-Shooting" oder „Reporting" zu realisieren.

3.1.2 Vorteile und Chancen

WBM bietet im Vergleich zu bestehenden Managementlösungen einige Vorteile:

♦ **Verfügbarkeit**

Keine Managementkonsole

Der Zugang zu dem Managementsystem besteht von jedem (Netzwerk-) Knoten, der einen Browser zur Verfügung stellt, und ist damit unabhängig von speziellen Managementkonsolen.

Plattformunabhängig

Zudem ist der Browser als „Frontend" mittlerweile für jede relevante Plattform verfügbar, so daß einmal entwickelte Benutzungsschnittstellen plattformunabhängig eingesetzt werden können.

♦ **Kostenersparnis**

Ein web-basiertes Managementsystem verursacht weit weniger Hardware- und Softwarekosten, da sowohl der benötigte Browser als auch die erforderliche Maschine, auf dem der Browser läuft, weitaus billiger in der Anschaffung sind als herkömmliche Managementstationen.

♦ **Benutzerfreundlichkeit**

Der Einsatz eines Browsers erlaubt intuitivere, „schönere" und leichter erlernbare Benutzungsschnittstellen, die im Zusammenspiel mit den gleichsam bekannten wie auch verständlichen Bedien-Paradigmen eines Browsers (z.B. „Links anklicken") Management-Applikationen ermöglichen, die einfach zu bedienen sind, und daher von einer größeren Zahl potentieller „Administratoren" genutzt werden können.

♦ **Konsistenz**

WBM garantiert eine systemweite, konsistente Sicht auf eine eventuell heterogene Systemwelt. Desweiteren ermöglicht der Einsatz von WBM eine Vereinheitlichung bestehender De-facto Standards und Protokolle sowie eine konsistente Modellierung aller verfügbarer Managementinformation.

♦ **Verteilung**

WBM ermöglicht die Verteilung der betreffenden Komponenten über die vorhandene Systemlandschaft. Dadurch wird es neben der schon angesprochenen wesentlich höheren Verfügbarkeit der „Frontends" grundsätzlich möglich, benötigte Funktionalität (d.h. die Managementapplikation bzw. Teile davon) zu den Daten (bzw. zu den betreffenden „Datenquellen") zu transportieren, anstatt wie bisher die Daten zur Funktionalität zu „schaufeln".

♦ **Software-Update**

Der Einsatz von Web-Techniken und den damit verbundenen Möglichkeiten erlaubt plattformübergreifende Updates von einzelnen Komponeten eines web-basierten Managementsystems.

Agenten-Update Speziell für Objektagenten ergibt sich die Möglichkeit, notwendige Updates oder Erweiterungen unabhängig von Hersteller oder verwendeter Plattform zu realisieren (was z.B. bei SNMP-basierten Managementlösungen nach wie vor nicht oder nur sehr eingeschränkt möglich ist).

♦ **Web-basierte Applikationen**

In Hinblick auf den weiter steigenden Einsatz von web-basierten Applikationen, bedarf es Managementlösungen, die ein effizientes Management solcher Applikationen ermöglichen. Web-basierte Lösungen bieten sich hierfür im besonderen an, da dann Applikation und Managementlösung mit den gleichen Technologien realisiert werden.

3.1.3 Problemfelder

Folgende Problemfelder können sich beim Entwurf oder Betrieb eines web-basierten Managementsystems ergeben und müssen berücksichtigt werden.

♦ **Sicherheitsaspekte**

Wohl einer der wichtigsten Punkte ist die Frage nach der Sicherheit web-basierter Managementsysteme. Gerade weil die Komponenten solcher Systeme i.d.R. über das ganze Netzwerk verteilt sein können, muß der dabei auftretende Datenverkehr gegen mutwilligen oder unbeabsichtigten Zugriff von Dritten gesichert werden. Neben dem Einsatz von „Fire Walls" (beim Einsatz von web-basierten Lösungen im Intranet-Bereich) sind Verfahren nötig, die Benutzerauthentifizierung, Zugangsregelungen und Datenverschlüsselung ermöglichen.

♦ **Performance**

Speziell in „großen" web-basierten Managementsystemen, deren Komponenten über das gesamte Netz verteilt sind, kann es in der Praxis z.B. durch zu geringe Netzwerkkapazitäten zu erheblichen Performance-Schwierigkeiten kommen. In Extremfällen kann es passieren, daß der Benutzer mehrere Sekunden oder Minuten auf das Ergebnis einer von ihm angestoßenen Funktion warten muß.

♦ **Datenkonsistenz**

Wenn viele Benutzer gleichzeitig an den gleichen Objekten arbeiten, muß gewährleistet sein, daß einerseits alle die aktuellen Werte dieser Objekte sehen und andererseits der zentrale Datenbestand konsistent bleibt. Um dies zu erreichen muß, ein praktikables WBM-System in irgendeiner Form ein Transaktionsmodell enthalten, das den gleichzeitigen Zugriff auf ein Objekt regelt.

♦ **Proprietäre Lösungen**

Die im Augenblick auf dem Markt verfügbaren web-basierten Managementlösungen sind meist proprietäre Lösungen, die i.a. auf schon bestehende Managementsysteme aufsetzen. Damit in Zukunft in diesem Punkt eine Vereinheitlichung erreicht werden kann, ist ein „Standard" für web-basierte Managementlösungen unumgänglich.

Die beiden im Verlauf dieser Arbeit vorgestellten Ansätze erheben für sich den Anspruch, diesen zukünftigen Standard zu definieren.

Im folgenden sollen die Architektur eines web-basierten Managementsystems und mögliche Varianten besprochen werden. Danach werden einige grundlegende Techniken vorgestellt, die für ein WBM-System relevant sein können bzw. mit deren Hilfe ein WBM-System oder einzelne Komponenten realisierbar sind.

3.2 Architektur

3.2.1 Schichtenmodell

Ähnlich wie in herkömmlichen Managementlösungen läßt sich die Architektur eines web-basierten Managementsystems grundsätzlich in drei Schichten unterteilen.

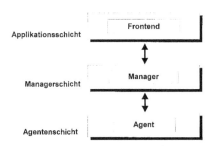

Abbildung 3.2–1 Das Schichtenmodell eines WBM-Systems

♦ **Applikationsschicht**

„Frontend"

Innerhalb der Applikationsschicht sind diejenigen Komponenten angesiedelt, die für die Darstellung der verfügbaren Managementinformation und die Interaktion mit dem Benutzer zuständig sind. Im Regelfall werden diese „Frontends" mit Hilfe eines Browsers angezeigt.

Komplexität

Denkbar sind sowohl „Frontends", die lediglich Managementinformation darstellen, als auch „Frontends" die mehr oder weniger (Management-) Funktionalität enthalten.

◆ Managerschicht

Auf dieser Schicht befindet sich die zentrale „Managereinheit", die für die grundlegende Funktionalität eines WBM-Systems verantwortlich ist. Darunter fällt vor allem die Abwicklung der Kommunikation zwischen Applikations- und Agentenschicht sowie die Verwaltung und persistente Speicherung der definierten „managed objects". Jedes „Frontend" auf der Applikationsschicht kommuniziert i.d.R. mit einem zentralen Manager und richtet an ihn alle Anfragen.

„Data Repository"

Auf dieser Schicht befindet sich i.a. ein „Data Repository", das die persistente Speicherung der Objektmodelle und deren Instantiierungen ermöglicht.

Objektmodell

Um die abzubildende Systemlandschaft modellieren zu können, bedarf es zudem eines Objektmodells, das zumindest grundlegende Objekte und deren Abhängigkeiten definiert.

◆ Agentenschicht

Die Agentenschicht enthält die einzelnen (Objekt-) Agenten, die vor allem für die Kommunikation mit den konkreten Systemkomponenten verantwortlich sind. Ein Agent kann ähnlich wie ein „Frontend" mehr oder weniger (Management-) Funktionalität beinhalten.

Abbildung 3.2-1 zeigt die grundlegenden Komponenten eines web-basierten Managementsystems und deren Verteilung auf die einzelnen Schichten.

Im folgenden Abschnitt sollen mögliche Implementierungsvarianten dieser grundsätzlichen Architektur vorgestellt werden.

3.2.2 Implementierungsvarianten

Grundsätzlich kann man sich mindestens zwei Lösungsansätze für WBM-Systeme vorstellen.

Bei der „Proxy Solution" wird ein bestehendes Managementsystem um einen HTTP-Server erweitert, der dann als Zugriffspunkt für einen Browser dient; beim „Embedded Approach" wird jede Systemkomponente um einen HTTP-Server ergänzt (u.a. [WBM-0] und [WBM-1]).

◆ Die „Proxy Solution"

Bei der „Proxy-Solution" (die auch als „Three-Tier-Model" bezeichnet wird) wird ein bestehendes Managementsystem mit einem Web-Server versehen. Der Systemmanager am Browser kommuniziert mittels des „HyperText Transmission Protocol" (HTTP) über diesen „Proxy" mit dem Managementsystem, das wiederum mit den einzelnen Systemkomponenten über das systemspezifische Protokoll (z.B. SNMP) kommuniziert und Daten austauscht.

Bewertung

Der große Vorteil dieser Lösung ist die Tatsache, daß die „Proxy Solution" ohne großen Aufwand den Web-Zugriff auf Managementinformation aus einem bestehenden Managementsystem ermöglicht. Da auf ein bestehendes und „in sich geschlossenes" Managementsystem zugegriffen wird, ergeben sich weniger Sicherheitsprobleme. Die Funktionalität des Managementsystems wird dabei in keiner Weise eingeschränkt. Vorhandene Agenten können zudem unverändert weiterbetrieben werden. Allerdings erlaubt die „Proxy Solution" keinerlei Verteilung der Managementfunktionalität auf die einzelnen Komponenten.

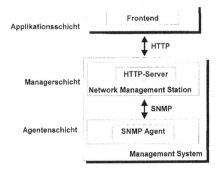

Abbildung 3.2–2 Die "Proxy-Solution" eines WBM-Systems

♦ **Der „Embedded Approach"**

Beim „Embedded Abbroach" (oder „Two-Tier-Model") wird in jede Systemkomponente ein Web-Server integriert. Dadurch hat jede Systemkomponente eine eigene HTTP-Adresse, über die der Systemmanager diese Komponente bzw. dieses Gerät ansprechen und „managen" kann.

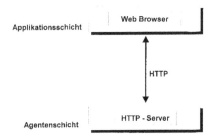

Abbildung 3.2–3 Der "Embedded Abbroach" eines WBM-Systems

Bewertung

Der „Embedded Abbroach" eignet sich nur für kleine Systeme, da hier keinerlei hierarchische Anordnung der Systemkomponenten vorgesehen ist; sämtliche Systemkomponenten sind vielmehr „flach" angeordnet. Allerdings kann sich speziell für kleine Systeme diese „flache" Anordnung der Systemkomponenten als Vorteil erweisen, da der Zugriff auf jede einzelne Komponente direkt über einen „Uniform Ressource Locator" (URL) möglich ist. Da jede Komponente über diese URL direkt aus dem Browser heraus adressierbar ist, kann beim „Embedded Approach" auf eine Implementierung der Managerschicht verzichtet werden. Zudem kann im Rahmen dieses Lösungsansatzes Managementfunktionalität in die einzelnen Systemkomponenten integriert werden.

Wie in den weiter unten vorgestellten Ansätzen eines WBM-Systems deutlich werden wird, bestehen praktikable WBM-Systeme meist aus einer „Mischung" dieser grundsätzlichen Implementierungsvarianten.

3.3 Techniken

3.3.1 HTML / HTTP

HTTP

Ein Web-Browser und ein Web-Server kommunizieren mittels dem „Hyper Text Transmission Protocol" (HTTP).

HTML

Die „Hypertext Markup Language" (HTML) ([Koc96]) wiederum ist eine Beschreibungssprache, die die Definition von (text-orientierten) Web-Seiten erlaubt. HTML eignet sich ausgesprochen gut, um statische Informationen über Systemkomponenten anzuzeigen. Auf HTML basierende Seiten sind einfach zu erstellen bzw. können automatisch generiert werden. Desweiteren benötigen sie wenig Speicherplatz und können dadurch schnell vom Server in den Browser geladen werden. HTML bietet allerdings keine oder nur sehr eingeschränkte Grafikmöglichkeiten und erlaubt nicht das „Downloaden" der gewünschten Funktionalität.

XML und CCS

In letzter Zeit sind etliche Erweiterungen und Weiterentwicklungen entstanden. An dieser Stelle sei nur auf die „Extensible Markup Language" (XML), die die Definition eigener Textbeschreibungssprachen erlaubt, oder auf die „Cascading Style Sheets" (CCS) verwiesen, die die Definition von Seitenvorlagen unterstützen, mit deren Hilfe ein einheitliches Erscheinungsbild logisch zusammengehörender Seiten realisiert werden kann.

3.3.2 CGI

Das „Common Gateway Interface" (CGI) eignet sich insbesondere, um einen Datenbankzugriff vom Internet aus zu realisieren. Mittels CGI lassen sich z.B. Web-Seiten realisieren, die Formulare zur Dateneingabe enthalten, oder die Ergebnisse von Datenbankanfragen darstellen.

3.3.3 Java

Java ist eine von Sun entwickelte Interpretersprache, die die Erstellung und Programmierung von plattformunabhängigen Applikationen und Softwarekomponenten ermöglicht ([Fla97], CH97]).

Applets

Durch spezielle Programmkomponenten, die „Applets" genannt werden und die in einen Browser geladen und angezeigt werden, können dynamische, sehr komplexe oder „echtzeitabhängige" Informationen dargestellt werden. Den grafischen Möglichkeiten sind hierbei (fast) keine Grenzen gesetzt.

Intelligente Agenten

Java eignet sich ausgesprochen gut für die Entwicklung von „intelligenten" Agenten, die sich auf den zu „managenden" Systemkomponenten befinden, und dort „vor Ort" Managementaufgaben selbständig oder vom Benutzer überwacht durchführen. Dadurch müssen weit weniger Daten zur zentralen Managereinheit transferiert werden.

Beispiel: Ein „intelligenter" Agent könnte z.B. permanent bestimmte Meßwerte erfassen, diese mit vorgegebenen Schwellwerten vergleichen und im

Fehlerfall eine Nachricht an die zentrale „Managereinheit" schicken. Dadurch wäre zum einen das Datenvolumen, das über das Netz zur „Managereinheit" geschickt werden muß, wesentlich reduziert und zum anderen wäre die „Managereinheit" von dieser reinen Datenerfassungstätigkeit befreit, da der Agent auf der Maschine läuft, auf dem sich der Browser befindet.

Die Agenten wiederum können zentral gespeichert werden und bei Bedarf über das Netz „downgeloaded" werden. Dadurch ist gewährleistet, daß ein Agent immer in der neuesten Version verfügbar ist. Wird jedoch sehr viel Funktionalität in solch einen Agenten gesteckt, dauert das „Downloaden" entsprechend länger, was in der Praxis wiederum zu Performance-Problemen führen kann.

Technik	Bewertung
HTML	• einfache oder automatische Erstellung
	• geringes Datenvolumen
	• eingeschränkte Grafikmöglichkeiten
	• implementiert keine Managementfunktionalität
CGI	• erlaubt Datenbankzugriff
Java	• komplexe Grafikmöglichkeiten
	• eventuell großes Datenvolumen
	• erlaubt die Implementierung von „intelligenten" Agenten

Tabelle 3.2-1 Mögliche Internet-Techniken

Tabelle 3.2-1 faßt die Vor- und Nachteile der eben besprochenen Techniken noch einmal zusammen.

3.4 „WBEM" und „JMAPI"

Derzeit werden zwei Ansätze propagiert, die für sich beide den Anspruch erheben, (in Zukunft) *den* Standard für web-basiertes Management zu definieren.

Zum einen entsteht unter der Führung von Microsoft die „Web Based Enterprise Management" (WBEM) Architektur, zum anderen wird unter Leitung von Sun die „Java Management API" (JMAPI) entwickelt.

Noch ist nicht abzusehen, welche der beiden Ansätze sich letztendlich durchsetzten wird.

In den folgenden Kapiteln sollen diese beiden Konzepte zuerst vorgestellt werden, bevor sie dann anhand verschiedener Kriterien verglichen und bewertet werden.

4 „Web Based Enterprise Management" (WBEM)

4.1 Einführung

Initiatoren

Unter der Leitung von Microsoft entsteht die „Web Based Enterprise Management" (WBEM) Architektur. Weitere an der Entwicklung beteiligten Firmen sind u.a. Compaq, Cisco oder Intel.

Design-Ziel

WBEM ermöglicht die Integration von bereits bestehenden Managementstandards und -Protokollen sowie bereits bestehender Managementapplikationen und Hardware-Infrastrukturen.

WBEM möchte keinen Standard und kein Protokoll ersetzen.

Ziel ist es vielmehr, eine homogene Sichtweise auf gegebenenfalls heterogene Systeme mit Hilfe von bekannten Web-Technologien und Paradigmen bereitzustellen. Desweiteren soll eine vereinheitlichte Datenmodellierung und ein damit verbundener konsistenter Zugriff auf sämtliche Managementinformationen ermöglicht werden.

4.2 Die Architektur

Die Architektur eines WBEM-Systems läßt sich in folgende grundlegenden Komponenten untergliedern:

♦ **Das „Common Information Model" (CIM)**

Datenmodell

Das „Common Information Model" (CIM) ist ein objektorientiertes, erweiterbares Datenmodell, das die Modellierung beliebiger Systemlandschaften ermöglicht.

♦ **Das „HyperMedia Management Protocol" (HMMP)**

Protokoll

Hinter dem „HyperMedia Management Protocol" (HMMP) verbirgt sich ein objektorientiertes Kommunikationsprotokoll, mit dessen Hilfe der Zugriff auf CIM-Objekte realisiert wird. HMMP ist unabhängig von der darunter liegenden Transportschicht und definiert ein eigenes Sicherheitsmodell [HMMP-0].

♦ **Der „Object Provider"**

Agent

Der „Object Provider" realisiert die Anbindung an die konkreten Geräte. Zentrale Aufgabe ist die Beschaffung angeforderter (dynamischer) Managementinformation und die Ausführung gewünschter Funktionen „auf" den konkreten Geräten.

♦ **Der „CIM Object Manager" (CIMOM)**

Manager

Der „CIM Object Manager" (CIMOM) ist zentraler Teil jedes WBEM-Systems. Er ermöglicht den hierarchischen Zugriff auf die Gesamtheit aller Systemkomponenten (abgebildet durch die CIM-Objekte). Der CIMOM kann auf verschiedenen Entwicklungsplattformen implementiert werden.

♦ **Die „Management Application"**

Applikation

Eine „Management Application" kommuniziert mit dem CIMOM, um die benötigte Managementinformation zu erhalten. Auf Grund der Vielzahl der unterschiedlichen Schnittstellen, die der CIMOM auf die von ihm verwalteten CIM-Objekte bietet, ist die Managementapplikation in WBEM nicht ausschließlich auf eine „Browser & Applet" - Lösung beschränkt.

Abbildung 4.2-1 faßt die zentralen Komponenten eines WBEM-Systems zusammen und verdeutlicht die Zuordnung der einzelnen Komponenten zu den weiter oben eingeführten Schichten.

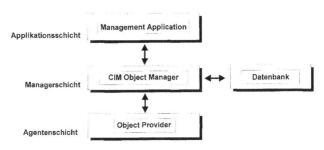

Abbildung 4.2–1 Die WBEM-Architektur

Im folgenden werden die Komponenten im einzelnen beschrieben.

4.2.1 Das „Common Information Model" (CIM)

DTMF

Das „Common Information Model" (CIM) wird von der „Desktop Management Task Force" (DTMF) entwickelt und spezifiziert. Die DTMF ist ein Zusammenschluß vieler namhafter Firmen (u.a. Sun, Compaq, Intel, Microsoft, Hewlett-Packard oder Tivoli).

Ziel

Beim Entwurf und der Spezifikation des CIM wurden objektorientierte Denkweisen und Paradigmen auf das Management von beliebigen Rechnersystemen und Netzwerken angewendet. Zusammen mit einem einheitlichen Modellierungsformalismus unterstützt CIM die gemeinsame Entwicklung eines objektorientierten Schemas über Plattform- und Organisationsgrenzen hinweg.

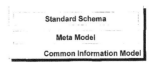

Abbildung 4.2–2 Die Komponenten des CIM

Komponenten

CIM teilt sich in zwei Teile: das „Meta Model" und das „Standard Schema". Während das „Meta-Model" den Modellierungsformalismus definiert, beschreibt das „Standard-Schema" in drei verschiedenen Abstraktionsebenen die zu modellierenden Systemkomponenten (vgl. Abbildung 4.4-2).

4.2.1.1 Das „Meta Model"

Das „Meta-Model" definiert auf einer abstrakten Ebene die Bausteine, aus denen das „Standard Schema" aufgebaut ist, sowie die Möglichkeiten, existierende Abhängigkeiten zwischen diesen Bausteinen zu modellieren. Zum Beispiel definiert das „Meta Model" u.a. Begriffe wie „Klasse", „Instanz", „Methode" oder „Attribut". Im Anhang ist eine Übersicht über das Meta-Model abgebildet.

MOF

Die einzelnen Bestandteile von CIM werden mit dem „Managed Object Format" (MOF) beschrieben, einer Beschreibungssprache, die große Ähnlichkeiten mit C++ hat ([HMMP-4]).

Grundsätzlich sind die mittels CIM definierten Objekte „Repräsentationen" konkreter Systemkomponenten, die durch einen „Object Provider" auf die konkreten Geräte „abgebildet" werden, sobald „dynamische" Daten über dieses Objekt angefordert werden. Statische Daten können dagegen direkt aus einer Datenbank abgefragt werden. Dieser Unterschied ist aber für den Benutzer transparent, da dieser bzw. die von ihm benutzte Managementapplikation nur mit dem CIMOM kommuniziert.

4.2.1.2 Das „Standard Schema"

Wie weiter oben erwähnt, unterteilt sich das „Standard-Schema" in drei Schichten, die jeweils unterschiedliche CIM-Klassen bzw. -Objekte definieren. Die drei Schichten konkretisieren dabei existierende Systemkomponenten in einem unterschiedlichen Maße.

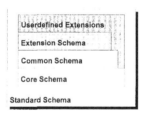

Abbildung 4.2-3 Das Standard Schema

Im einzelnen beinhaltet das „Standard Schema" folgende Schichten (vgl. Abbildung 4.2-3):

♦ **Das „Core Schema"**

Das „Core Schema" definiert grundlegende Klassen, die als Basis für Erweiterungen im „Common Schema" dienen. Das „Core Schema" teilt die zu modellierende Systemlandschaft in drei Bereiche: die ManagedSystemElements, die Services und die UsageStatistics.

ManagedSystemElement

Die ManagedSystemElements repräsentieren Systemkomponenten, die für das Systemmanagement signifikant sind. CIM unterscheidet hierbei zwischen LogicalElements und PhysicalElements. Objekte „außerhalb" des Systems (z.B. der „User") werden (bisher noch) nicht modelliert.

Service   Die Services sind Funktionen und Dienste, die von Systemen oder Systemkomponenten unterstützt bzw. angeboten werden.

UsageStatistics   Die UsageStatistics schließlich sind statistische Sichten oder Gruppierungen der ManagedSystemElements.

Verknüpfungen   Desweiteren definiert das „Core Schema" die grundlegenden Verknüpfungen zwischen CIM-Objekten: Component, SystemComponent, Dependency und Container, mit deren Hilfe Abhängigkeiten zwischen einzelnen ManagedSystemElements („Element A kann ohne Element B nicht funktionieren") oder auch Aggregationen („Element A besteht aus Element B und Element C") beschrieben werden..

Im Anhang sind die einzelnen Komponenten des „Core Schemas" detaillierter abgebildet.

♦ **Das „Common Schema"**

Das „Common Schema" wird durch eine Menge von abstrakten und konkreten Klassen gebildet, die die grundlegenden Eigenschaften von Systemen, Netzwerken, Applikationen, Datenbanken und Geräten definieren. Das „Common Schema" erweitert das „Core Schema" für genau diese Bereiche, wobei dies plattform- und herstellerunabhängig geschieht.

♦ **Die „Extension Schemas"**

Das „Extension Schema" stellt plattform- und herstellerspezifische Erweiterungen des „Common Schemas" zur Verfügung.

Beispiel: Im „Core Schema" wird mit dem ManagedSystemElement ein sehr grundlegendes Objekt definiert. Das „Common Schema" erweitert das ManagedSystemElement und definiert ganz allgemein einen NetworkRouter. Das „Extension Schema" wiederum erweitert diese allgemeine Definition zu einem CiscoRouter, der neben den grundsätzlichen Eigenschaften des NetworkRouters alle Besonderheiten eines Netzwerkrouters der Firma Cisco modelliert.

Ein weiteres Beispiel ist das Objekt ComputerSystem, das im „Common Schema" definiert und im „Extension Schema" zum Win32ComputerSystem erweitert wird, das die Besonderheiten eines WindowsNT-Rechners modelliert.

4.2.2 Das „HyperMedia Management Protocol" (HMMP)

Definition   Das „HyperMedia Management Protocol" (HMMP) ist ein offenes, standardisiertes Protokoll für den Zugriff und die Manipulation von CIM-Objekten.

HMMP ist dabei unabhängig von dem zugrundeliegenden Transportmechanismus bzw. -protokoll. In der aktuellen Version von WBEM verwendet HMMP als Transportmechanismus TCP. Grundsätzlich ist aber auch eine Implementierung auf Basis anderer Transportmechanismen wie z.B. Microsofts „Distributed Component Model" (DCOM) denkbar.

WBEM SDK   Die in dem WBEM SDK Beta Release 2 enthaltene Java-API stellt Klassen zur Verfügung, die HMMP mittels zweier Möglichkeiten (TCP und DCOM) ermöglichen. Dadurch kann der Benutzer diejenige Variante wählen, die in der vorhandenen Systemumgebung vorteilhaft ist. Befindet sich das WBEM-System z.b. komplett in einer NT-Umgebung, erweist sich die Verwendung des DCOM-basierten HMMP als vorteilhaft, weil diese Variante speziell auf NT optimiert wurde.

HMMP wird benutzt, um Nachrichten, die Managementinformationen beinhalten, zwischen HMMP-Entitäten auszutauschen. Mögliche HMMP-Entitäten sind hierbei ein HMMP-Server oder ein HMMP-Client.

Eine HMMP-Entität fungiert als ein HMMP-Server, wenn sie Managementaufgaben durchführt, die durch einen erhaltenen „Request" angefordert bzw. angestoßen wurden. Im allgemeinen wird ein HMMP-Server die Beendigung einer Managementaufgabe mit einem „Response" an die HMMP-Entität beenden, die den „Request" abgeschickt hat.

Eine HMMP-Entität fungiert als ein HMMP-Client, wenn sie Managementaufgaben durch das Verschicken von „Requests" anstößt oder wenn sie „Responses" erhält.

Eine HMMP-Entität kann im allgemeinen sowohl als HMMP-Server als auch als HMMP-Client fungieren; die Rollenzuteilung ist also *nicht* statisch festgelegt.

Abbildung 4.2–4 Die Rollenverteilung bei HMMP

Anmerkung: In diesem Kapitel werden die Begriffe „HMMP-Entität" und „Entität", „HMMP-Server" und „Server" und „HMMP-Client" und „Client" synonym verwendet.

Sowohl ein Client als auch ein Server kann in verschiedenen Komplexitätsstufen realisiert werden; der CIMOM ist ein Beispiel für einen sehr mächtigen Server, der eine große Untermenge der HMMP-Operationen implementiert; zudem kann der HMOM auch als Client tätig werden und seinerseits „Requests" an einen „Object Provider" schicken.

Ein „Objekt-Provider" ist ein Server, der eine kleinere Untermenge der HMMP- Operationen implementiert, und der i.a. nicht als Client fungieren kann.

Jeder Server muß eine bestimmte (Mindest-) Untermenge der HMMP-Operationen implementieren, um als Server arbeiten zu können; bei dieser Untermenge handelt es sich um das sogenannte „Mandatory-Schema" ([HMMP-3]).

Clients schicken alle „Requests" an einen bestimmten CIMOM; dieser verarbeitet diese „Requests" dann selbst oder schickt sie an einen anderen Server, i. a. einen „Object-Provider", weiter. Ein „Object-Provider" muß nun die an ihn gestellten „Requests" abarbeiten, indem er mit dem konkreten Gerät kommuniziert und die geforderten Informationen anfordert bzw. die gewünschten Funktionen anstößt. Die Art und Weise, wie diese Kommunikation abläuft (also die Frage, welches Protokoll oder welchen Kommunikationsmechanismus der „Object Provider" für die Kommunikation mit dem konkreten Gerät verwendet) ist durch WBEM nicht festgelegt.

Der CIMOM als Server stellt den Clients eine zentrale Stelle zur Verfügung, an die die Clients alle ihre Managementanforderungen senden können - ein CIMOM verhält sich in diesem Zusammenhang gewissermaßen als „Provider" für beliebig viele andere Provider. Abbildung 4.2-5 soll die Kommunikation zwischen Clients und Servern verdeutlichen.

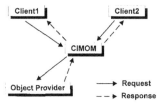

Abbildung 4.2–5 Die Kommunikation zwischen mehreren HMMP-Entitäten

Damit der CIMOM den vom Client1 gestellten „Request" erfüllen kann, muß er selbst einen „Request" an einen „Object Provider" richten. Erst nach Erhalt des „Response" kann er dem Client1 ebenfalls mit einem „Response" antworten. Der „Request" von Client2 kann hingegen direkt vom CIMOM bearbeitet werden, so daß hierbei kein weiterer „Object Provider" nötig ist.

Funktions-Modi Innerhalb von HMMP kann man zwei verschiedene „Modi" unterscheiden. Zum einen gibt es „HMMP Operations" und zum anderen „HMMP Indications". Mit Hilfe der „HMMP Operations" können „Entitäten" Managementinformationen und -anforderungen allgemeiner Art austauschen; „HMMP Indications" dienen dagegen zum Austausch von „Events", d.h. ganz allgemein zur Realisierung der Ereignisbehandlung ([HMMP-6]).

„HMMP-Operations" Mit Hilfe der „HMMP Operations" kann ein Client gewünschte Informationen über eine Klasse oder eine Instanz anfordern; desweiteren kann er neue Klassen oder Instanzen generieren oder einzelne Methoden einer Klasse aufrufen.

„HMMP Indications" Um „Events" zwischen einzelnen „Entitäten" auszutauschen, werden die „HMMP Indications verwendet".

4.2.3 Die „Management Application"

Zugriffsmöglichkeiten WBEM unterstützt mehrere Zugriffsmöglichkeiten auf die vom CIMOM verwalteten Managementinformationen. Im einzelnen sind die folgenden Möglichkeiten vorhanden bzw. für zukünftige Versionen geplant:

♦ Zugriff über ActiveX-Controls in Verbindung mit Web-Browsern

♦ Zugriff mittels ODBC

♦ Zugriff über „HTML-Rendering" (die Informationen werden rein textuell mittels HTML auf einem Web-Browser dargestellt)

◆ Zugriff über JAVA-HMMP-Interfaces, die es Java-Anwendungen erlauben, auf die CIM-Objekte zuzugreifen, die vom HMOM verwaltet werden.

◆ Zugriff über die ActiveDirectory - Schnittstelle

◆ Zugriff über eine „COM Dual" - Schnittstelle, die es erlaubt, WBEM-Anwendungen in einer beliebigen Sprache zu implementieren, die diesen Standard unterstützt.

Neben diesen verschiedenen Zugriffsmöglichkeiten ist innerhalb von WBEM auch die verwendete Programmiersprache und darunterliegende Plattform für eine Managementapplikation nicht näher definiert. Man kann daher nicht von *der* typischen WBEM-Managementapplikation sprechen. Welche der vorgestellten Varianten sich letztendlich durchsetzen wird, bleibt abzuwarten.

4.2.4 Der „CIM Object Manager" (CIMOM)

Der „CIM Object Manager" (CIMOM) ist der zentrale Bestandteil eines jeden WBEM-Systems.

Wichtigste Aufgaben des CIMOM sind u.a.

◆ die Bearbeitung von Anforderungen, die von einer Managementapplikation kommen

◆ das Generieren und die Verwaltung von CIM-Objekten

◆ die Bereitstellung einer konsistenten Schnittstelle für den Zugriff auf diese CIM-Objekte

◆ die Abwicklung der Kommunikation zwischen Anwendung und Provider

◆ die Verwaltung des zentralen Datenbestandes, der sowohl sämtliche Schema-Definitionen als auch statische Informationen über die CIM-Objekte umfaßt

◆ die Realisierung der Ereignisbehandlung

◆ die Bereitstellung von SQL-Abfragemöglichkeiten an die Datenbasis

◆ Die Bereitstellung der im letzten Abschnitt vorgestellten Zugriffsarten

4.2.5 Der „Object Provider"

Der „Object-Provider" verwaltet mehrere Objekte in seiner „Domain", stellt angeforderte Daten über diese Objekte zur Verfügung und führt gewünschte Aktionen auf diesen Objekten aus.

Der „Objekt-Provider" sorgt dazu für die Abbildung der mittels CIM definierten (abstrakten) Präsentation innerhalb des CIMOM auf die konkreten Systemkomponenten, die abgebildet werden sollen.

Man kann grundsätzlich drei Realisierungsarten eines „Object Providers"
unterscheiden:

♦ **„Null-Provider"**

Liegen die angeforderten Daten statisch in der Datenbasis, kann der
CIMOM die Anforderung ohne den Aufruf eines „Object Providers"
erfüllen.

♦ **„Standard-Provider"**

Standardmäßig werden mehrere „Object-Provider" bereitgestellt, die
wichtige potentielle Quellen für Managementinformation abbilden. Die
derzeitige Version des WBEM SDK enthält für das Win32-System eine
Reihe von „Standard-Providern", wie z.B. einen „Registry-Provider",
einen „PerfMon-Provider" oder einen „Directory-Provider", die den Zugriff auf die betreffenden Komponenten erlauben.

♦ **„Custom-Provider"**

Genügen die „Standard-Provider" nicht, können eigene „Object-
Provider" implementiert werden, die dann die gewünschten (anwen-
dungs- oder firmenabhängigen) Eigenschaften realisieren.

Wie wir später sehen werden, kann über einen „Object-Provider" zum einen
die Integration bestehender Managementprotokolle (wie z.B. SNMP) realisiert werden. Zum anderen ermöglicht ein „Object-Provider" auch die Anbindung an die R/3-Systemadministration.

4.3 Die Ereignisbehandlung

Zentraler Begriff der WBEM Ereignisbehandlung ist das „Event". Ein
„Event" wird i.a. dazu verwendet, Statusänderungen im System zu kommu-
nizieren. Ein „Event" enthält dazu meist Informationen über den Status des
Systems vor und nach der Zustandsänderung. „Events" existieren immer im
Kontext eines bestimmten Namensraumes („Namespace") ([HMMP-1]).

Ein weiterer wichtiger Begriff ist der des „Filters". Der Filter ist ein Objekt,
das als Eingabe bestimmte „Events" erhält. Diejenigen „Events", die den
Regeln genügen, die innerhalb des Filters definiert sind, werden vom Filter
wieder ausgegeben. Filter sind immer einem oder mehreren „Consumern"
zugewiesen, die dadurch nur die „Events" erhalten, die diese auch wirklich
wollen. Ein Filter „filtert" zudem nur diejenigen „Events", die sich im gleichen Namensraum wie der Filter selbst befinden.

Die Entität, die einen „Event" erhält, wird „Consumer" genannt. Ein „Consumer" muß hierbei nicht zwingend ein „Client" oder ein „Server" sein; er
muß allerdings die Fähigkeit haben, sich bei einem „Server" als potentieller
„Interessent" für ein „Event" registrieren zu können.

Die Entität schließlich, die einen „Event" erzeugt oder generiert, wird „Producer" genannt.

Unter einer „HMMP Indication" versteht man, wie schon weiter oben erläutert, die HMMP Operation, mit deren Hilfe man „Events" zwischen
„Producer" und „Consumer" kommunizieren kann.

Standardmäßig sind „Events" für folgende Fälle definiert (d.h. es existieren vordefinierte CIM-Klassen, die diese „Events" repräsentieren):

♦ Erzeugen, Löschen oder Modifizieren einer Klasse

♦ Erzeugen, Löschen oder Modifizieren einer Instanz

♦ Erzeugen eines neuen Namensraumes

♦ „Timer Event"

Darüberhinaus können beliebige benutzerdefinierte „Events" erzeugt werden.

Registrierung

Möchte sich ein „Client" für bestimmte „Events" registrieren lassen, geschieht dies in drei Schritten:

1. Der „Client" registriert sich bei dem gewünschten „Server" als potentieller „Indication Consumer"

2. Der „Client" erzeugt das gewünschte Filter-Objekt (sofern dies noch nicht existiert!)

3. Der „Client" erzeugt eine Verknüpfung zwischen dem Filter und seinem Verweis als „Indication Consumer"

4.4 Das Sicherheitskonzept

Notwendigkeit

Sobald verschiedene Entitäten Managementinformation austauschen, die natürlich auch sicherheitsrelevant sein kann, stellt sich die Frage nach den Möglichkeiten, diese Managementinformation vor unerwünschtem Zugriff zu schützen. Ein web-basiertes Managementsystem muß daher Konzepte unterstützen, die solche Sicherheitsprobleme lösen.

WBEM bietet ein Sicherheitskonzept, das den Zugriff auf die Managementinformation in zwei Stufen kontrolliert und einschränkt ([HMMP-2]).

Die erste Stufe regelt den Zugriff auf einen „Server" („HMMP-Security"), die zweite Stufe regelt den Zugriff auf einzelne CIM-Objekte, die sich auf dem „Server" befinden („CIM-Security").

„HMMP-Security"

Die „HMMP-Security" stellt sich wie folgt dar:

♦ **„Level 0 Security"**

Auf dieser Sicherheitsstufe gibt es keine Sicherheitsmaßnahmen. Netzwerkoperationen werden unverschlüsselt verschickt, und es gibt keine Benutzerauthentifizierung.

♦ **„Level 1 Security"**

Auf dieser Sicherheitsstufe gibt es Benutzerauthentifizierung.

♦ **„Level 2 Security"**

Verschlüsselung der Netzwerkoperationen und Benutzerauthentifizierung

Die „CIM-Security" entspricht dem „C1 Level" der „Trusted Computer System Evaluation Criteria" (TCSEC).

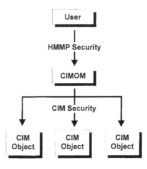

Abbildung 4.4–1 Das zweistufige WBEM-Sicherheitskonzept

Abbildung 4.4-1 verdeutlicht das zweistufige Sicherheitskonzept von WBEM.

4.5 Integration bestehender Managementlösungen

WBEM erhebt für sich den Anspruch, bestehende Managementlösungen zu integrieren und eine konsistente Sicht sowie Zugriffsmöglichkeiten auf unterschiedliche Protokolle und Standards zu ermöglichen.

In der aktuellen Version von WBEM wird explizit nur die Integration des „Simple Network Management Protocol" (SNMP) durch folgende Komponenten unterstützt:

♦ Zwei „SNMP-Provider", die eine transparente Integration von SNMP MIBs erlauben.

♦ Ein SNMP „Information Module Compiler", der SNMP Informationsschemata, die in MIBs definiert sind, in CIM-Schemata umwandelt.

Mit Hilfe dieser Bausteine ist die „nahtlose" Integration bestehender Managementlösungen, die auf SNMP basieren, möglich.

Sollen andere Standards oder Protokolle integriert werden, müssen spezielle Agenten implementiert werden, die dann z.B. das betreffende Protokoll „verstehen" und in HMMP „übersetzen" können. Mittels solcher Agenten sollte es grundsätzlich möglich sein, beliebige Standards oder Protokolle in WBEM zu integrieren.

4.6 Das WBEM „Software DeveloperKit BetaRelease 2"

Das WBEM „Software Development Kit" (SDK), das die Entwicklung von WBEM-Applikationen erlaubt, ist mit Beendigung dieser Arbeit in einer „Beta Release 2" verfügbar. Neben der in dieser Version eingeführten Java API sind besonders die grafischen Werkzeuge zur Modellierung und Implementierung von CIM-Objekten zu erwähnen.

Mittels dem WBEM „Developer Studio" können neue CIM-Objekte definiert oder bestehende CIM-Objekte angezeigt und geändert werden. Der Entwickler muß diese CIM-Objekte dabei nicht mittels deren MOF-Spezifikation editieren, sondern kann dies grafisch unterstützt durchführen. Abbildung 4.6-1 zeigt das WBEM „Developer Studio" während der Bearbeitung eines bestehendes CIM-Objektes.

Der WBEM „Objekt Browser" dient dazu, bestehende Instanzen einzelner CIM-Objekte anzuzeigen und zu editieren.

Neben diesen sehr nützlichen Werkzeugen enthält das WBEM SDK das sogenannte „Provider Framework", das aus einer Anzahl verschiedener „Wizzards" besteht, mit deren Hilfe der Entwickler die benötigten „Objekt Provider" (zum Teil automatisch) generieren kann.

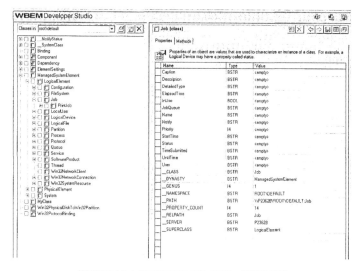

Abbildung 4.6–1 Das "Developer Studio" des WBEM SDK

5 „Java Management API" (JMAPI)

5.1 Einführung

JDK1.1

Hinter der „Java Management API" (JMAPI) verbirgt sich eine umfangreiche Java-Klassenbibliothek, die direkt auf dem „Java Development Kit" (JDK) 1.1 aufsetzt.

Initiatoren

JMAPI wird von Sun entwickelt und unterstützt; allerdings arbeiten auch bei diesem Ansatz mehrere Firmen (u.a. 3Com und Intel) mit Sun zusammen. Es fällt auf, daß einige Firmen (z.B. Intel oder Cisco) sowohl bei WBEM als auch bei JMAPI mitarbeiten; dies geschieht wohl, um auf diese Weise „zweigleisig" fahren zu können und sich nicht zu früh auf eine Lösung festlegen zu müssen.

Inhalte

JMAPI stellt Klassen und Konzepte zur Verfügung, die es erlauben, die komplette Netzwerk- und Systemmanagement-Funktionalität heterogener Systeme konsistent abzubilden.

Ziele

Ein wichtiger Schwerpunkt bilden hierbei die umfangreichen Möglichkeiten, Systemkomponenten und Systemzustände *grafisch* darzustellen. Weitere Ziele bei der Entwicklung von JMAPI sind u.a.

♦ die Unabhängigkeit von bestehenden Protokollen,

♦ die Probleme beim Update und der Verteilung von Agentensoftware zu beseitigen,

♦ die Wiederverwendbarkeit des entstehenden Codes,

♦ sowie die Möglichkeit der Modellierung verteilter Ressourcen.

Datenmodellierung

Beliebige Systemlandschaften können mit den bereitgestellten Basisobjekten modelliert werden. Zudem können diese Basisobjekte an die individuellen Gegebenheiten angepaßt und erweitert werden ([JMAPI-0]).

5.2 Die Architektur

3 Schichten

Die Architektur von JMAPI läßt sich wie schon die „Web Based Enterprise Management" (WBEM) Architektur in Applikations-, Manager- und Agentenschicht unterteilen, und enthält die folgenden Komponenten:

♦ **Die „Base Objects"**

Datenmodell

JMAPI stellt mit den „Base Objects" eine umfangreichen Klassenbibliothek zur Verfügung, mit deren Hilfe sich beliebige Systemlandschaften modellieren lassen

♦ **„Remote Method Invocation" (RMI)**

Protokoll

Die Komponenten der einzelnen Schichten kommunizieren über die „Remote Method Invocation" (RMI), die die Benutzung von verteilten Java-Objekten ermöglicht ([RMI97-0], [RMI97-1]).

♦ **Die „Appliances"**

Agent

Die „Appliances" sind für die Kommunikation mit den konkreten Geräten bzw. Systemkomponenten zuständig.

♦ **Der „Managed Object Server" (MOS)**

Manager

Der „Managed Object Server" (MOS) ist der zentrale Teil der JMAPI-Architektur. Wichtigste Aufgabe ist die Regelung der Kommunikation zwischen Managementapplikation und „Appliances".

♦ **Das „Browser User Interface" (BUI)**

Applikation

Die Managementapplikation ist innerhalb von JMAPI über eine Vielzahl von verschiedenen JMAPI-Applets realisiert, die das „Browser User Interface" (BUI) bilden.

Abbildung 5.2-1 zeigt die Komponenten jeder Schicht, die im folgenden ausführlicher dargestellt werden sollen.

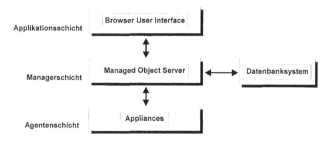

Abbildung 5.2–1 Die Architektur eines JMAPI-Systems

5.2.1 Die „Base Objects"

„Base Objects"

JMAPI bietet mit den „Base Objects" eine Fülle von Java-Klassen an, um beliebige Systemkomponenten zu modellieren ([JMAPI-1]).

Erweiterung

Die durch die „Base Objects" definierte Klassenhierarchie kann vom Applikationsentwickler gegebenenfalls erweitert und angepaßt werden. Das Entwickeln von benutzerdefinierten Erweiterungen der „Base Objects" reduziert sich damit auf das Definieren von Unterklassen, die sich von einer der „Base Objects" ableiten lassen.

ManagedObject

Als „Wurzel" dient in jedem Fall die Klasse ManagedObject, von der alle anderen „managed objects" abgeleitet werden. Desweiteren wird die Menge der „managed objects" in LogicalElement, PhysicalElement und ExternalElement aufgeteilt. Im Anhang kann eine detaillierte Auflistung der „Base Objects" eingesehen werden.

Abhängigkeiten

Zwischen den einzelnen Klassen können zudem „Associations" und „References" definiert werden, mit deren Hilfe man Abhängigkeiten zwischen den einzelnen Klassen modellieren kann.

Vergleich zu CIM

Im Vergleich zum „Common Information Model" (CIM), dem Objektmodel in WBEM, sind die „Base Objects" die weitaus pragmatischere Lösung, um eine Systemlandschaft zu modellieren, da diese „nur" eine (recht umfangreiche) Klassenhierarchie definieren, aber keinen Modellierungsformalismus festlegen, wie dies in CIM der Fall ist.

Allerdings wird auch JMAPI in einer der nächsten Versionen über eine Implementierung des CIM-Standards verfügen. Es bleibt abzuwarten, ob diese dann die bisherigen „Base Objects" vollständig ablöst oder nur erweitert.

5.2.2 Das „Browser User Interface" (BUI)

Aufgabe

Das „Browser User Interface" (BUI) dient als „Frontend" der Managementapplikation, mit deren Hilfe ein Systemadministrator Managementoperationen durchführen kann. Die einzelnen Managementoperationen werden im allgemeinen durch JMAPI-Applets realisiert bzw. bereitgestellt.

Komponenten

Das BUI besteht aus folgenden Komponenten (vgl. Abbildung 5.2-2):

♦ Ein Java-fähiger Web-Browser, in dem die JMAPI-Applets ablaufen.

♦ Die „Managed Object Interfaces", die die Kommunikation mit dem „Managed Object Server" (MOS) mittels RMI ermöglichen.

♦ Das „Admin View Module" (AVM), das eine Vielzahl von Java-Klassen bereitstellt, um die erforderlichen GUI-Komponenten sowie die in JMAPI integrierte kontextsensitive Hilfe zu realisieren.

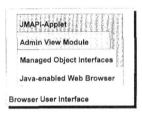

Abbildung 5.2–2 Das "Browser User Interface"

Im Augenblick stellt noch nicht jeder auf dem Markt erhältliche Java-fähige Browser alle benötigten „Features" zur Verfügung. Im Rahmen dieser Arbeit fanden daher nur der HotJava1.1 Browser sowie der Netscape Communicator 4.04 Verwendung.

5.2.3 Der „Managed Object Server" (MOS)

Der „Managed Object Server" (MOS) dient als zentraler Server eines JMAPI-Systems. Der MOS setzt sich aus folgenden Komponenten zusammen (vgl. Abbildung 5.2-3):

♦ Ein HTTP-Server, mit dessen Hilfe die benötigten Web-Seiten und Applets in den Web-Browser geladen werden; die Kommunikation zwischen Browser und HTTP-Server läuft hierbei wie gewohnt über das HTTP-Protokoll ab.

♦ Die „Managed Object Factory" (MOF)

Über die „Managed Object Factory" (MOF) kann der Anwendungsent-wickler einen Verweis auf eine Instanz eines „managed object" erhalten. Mit Hilfe dieses Verweises kann dann auf dieses Objekt bzw. auf die dafür definierten Funktionen und Attribute zugegriffen werden.

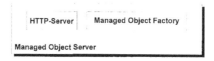

Abbildung 5.2–3 Der "Managed Object Server"

Alle in der MOF instantiierten Objekte werden in dem Datenbanksystem persistent gespeichert, das zusätzlich auch alle statischen Informationen über die erfaßten Systemkomponenten bzw. über die „managed objects, die die jeweilige Systemkomponenten modellieren, enthält.

5.2.4 Die „Appliances"

Nicht jede Systemkomponente ist alleine mit statischen Informationen aus der Datenbank hinreichend beschrieben. Sobald dynamische Informationen benötigt werden (z.B. die aktuelle Auslastung einer Festplatte auf einem be-stimmten PC), bedarf es eines speziellen Agenten, eines sogenannten „agent object", der diese dynamischen Informationen auf Anfrage bereitstellt.

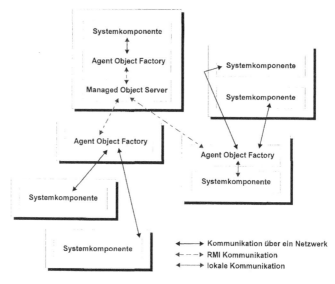

Abbildung 5.2–4 Mögliche Systemkonfigurationen

Dieses „agent object" kommuniziert mittels RMI mit dem dazugehörigen „managed object", das sich in der MOF im MOS befindet. Allerdings muß nicht jedes „managed object" über ein korrespondierendes „agent object" verfügen". Ein „managed object" für einen „User" benötigt zum Beispiel kein „agent object", da ein „User" ausschließlich über „statische" Informationen wie Name, Login, Anschrift etc. beschrieben werden kann.

AOF

Die „agent objects" werden innerhalb einer sogenannten „Agent Object Factory" (AOF) verwaltet, die auf jedem beliebigen Rechner lokalisiert sein kann. Rechner mit einer AOF werden „Appliances" genannt.

Kommunikation

Da JMAPI die Kommunikation zwischen Agent und konkreter Systemkomponente in keiner Weise einschränkt, hat der Entwickler bei der Implementierung eines „agent objects" mehrere Möglichkeiten. Kann die Kommunikation über ein Netzwerk ablaufen, kann die AOF, die dieses „agent object" verwaltet, z.B. auf demselben Rechner lokalisiert sein wie der MOS. Soll oder muß die Kommunikation aber „lokal" ablaufen, muß sich die betreffende AOF auf demselben Rechner befinden wie die entsprechende Systemkomponente. Abbildung 5.2-4 zeigt mehrere mögliche Konfigurationen.

Die AOF kann sich also demnach auf demselben Rechner wie der MOS befinden, auf dem im Prinzip auch die zu „managende" Systemkomponenten zu finden sein können. Auf jeden Fall aber findet die Kommunikation zwischen AOF und MOS über RMI statt. Die Kommunikation zwischen AOF und Systemkomponente ist dagegen, wie schon erwähnt, völlig frei wählbar, und kann demnach bestmöglich an die konkreten Systemanfordernisse angepaßt werden.

Zahl der AOFs

Auch die Zahl der eingesetzten AOFs ist beliebig wählbar - allerdings muß jede AOF „von Hand" auf dem entsprechenden „Appliances" installiert werden (ein zusätzlicher Arbeits- und Wartungsaufwand, der gegen eine große Anzahl von AOFs spricht). Für eine große Anzahl von AOFs spricht hingegen die vereinfachte Kommunikation mit den (dann lokalen) Systemkomponenten, die aber durch eine höhere „Kommunikationslast" für das betreffende Netzwerk „bezahlt" werden muß (denn jede der AOFs baut eigene Verbindungen zum MOS auf, um die Daten dort „abzuliefern").

5.3 Die Ereignisbehandlung

Möglichkeiten

Mittels der „Managed Notification Interfaces" wird eine Infrastruktur bereitgestellt, die ein komplexes „Event Management" innerhalb einer JMAPI-Applikation erlaubt.

Die Architektur sieht die Möglichkeit der asynchronen Benachrichtigung zwischen „managed objects" und Managementapplikation (d.h. JMAPI-Applet) vor. Damit ist gewährleistet, daß eine Managementapplikation nicht ständig selbst bei einem „managed object" nachfragen muß, ob Zustandsänderungen eingetreten sind.

„Event Tree"

Die „Managed Notification Interfaces" bieten zudem die Möglichkeit der hierarchischen Ereignisbehandlung. Dazu können „Event Trees" definiert werden, die einem Benutzer bzw. Systemadministrator (bzw. einer Managementapplikation) die Möglichkeit geben, eine beliebig „feinkörnige" Sicht auf die systemweit auftretenden Ereignisse zu definieren.

Dabei gilt die Regel, daß ein Knoten im „Event Tree" um so speziellere Ereignisse repräsentiert, je tiefer sich dieser Knoten im Baum befindet (vgl. hierzu auch Abbildung 5.3-1).

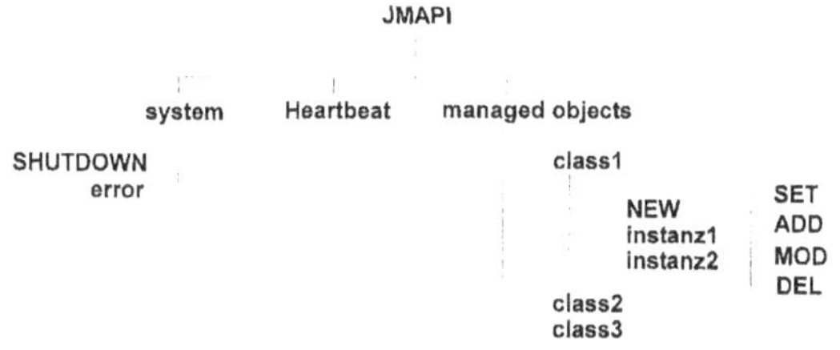

JMAPI

	system	Heartbeat	managed objects	
SHUTDOWN			class1	
error			NEW	SET
			instanz1	ADD
			instanz2	MOD
			class2	DEL
			class3	

Abbildung 5.3–1 Der JMAPI "Event Tree"

„Event Dispatcher" Der „Event Dispatcher" sorgt für die korrekte Verteilung der auftretenden Ereignisse. Der „Event Dispatcher" kann sich auf einem beliebigen Rechner im Netzwerk befinden, und verwaltet genau einen „Event Tree". Innerhalb eines JMAPI-Systems können mehrere „Event Dispatcher" definiert werden, die dann z.B. ein hierarchisches „Event Management" ermöglichen.

Registrierung Möchte eine Managementapplikation über ein bestimmtes Ereignis informiert werden, muß sie sich bei dem „Event Dispatcher" für dieses Ereignis registrieren. Desweiteren muß ein entsprechender Filter angegeben werden, in dem „Bedingungen" definiert sind, die die gewünschten Ereignisse erfüllen müssen. Neben dem Filter muß auch definiert werden, was beim Auftreten des Ereignisses zu tun ist.

System-Ereignisse Standardmäßig definieren die „Managed Notification Interfaces" eine Reihe von Ereignissen. Im Einzelnen sind dies:

♦ **„System Events"**

„System Events" treten auf, sobald sich der Zustand des (JMAPI-) Systems ändert. So kann z.B. mit einem „SHUTDOWN-Event" signalisiert werden, daß der MOS heruntergefahren wird.

♦ **„Class Events"**

„Class Events" informieren den Adressaten über Zustandsänderungen einer in der Datenbank abgelegten Klassendefinition.

♦ **„Instance Events"**

„Instance Events" treten dann auf, wenn einzelne Instanzen eines „managed object" generiert, geändert oder gelöscht werden. Eine Managementapplikation, die sich für diese Art von Ereignissen registriert, kann dadurch z.B. immer die aktuelle Sicht auf dargestellte „managed objects" gewährleisten.

5.4 Das Sicherheitskonzept

JMAPI beinhaltet in der derzeitigen Version *kein* ausgereiftes Sicherheits-konzept. Allerdings sind für die Zukunft entsprechende Konzepte und Lö-sungen geplant, die sich sehr nahe an den Sicherheitskonzepten, die im JDK enthalten sind, orientieren.

5.5 Integration bestehender Managementlösungen

Wie schon WBEM bietet auch JMAPI Möglichkeiten, bestehende Manage-mentlösungen in ein JMAPI-System zu integrieren, und damit eine konsi-stente Sicht auf gegebenenfalls heterogen System zu gewährleisten.

SNMP

In der aktuellen Version unterstützt JMAPI dabei explizit die Integration bestehender „SNMP-Agents".

Da SNMP ein weit verbreitetes Managementprotokoll darstellt, ist damit gewährleistet, daß bestehende Managementapplikationen leichter in die JMAPI-Architektur eingebunden werden können. Desweiteren stellen die vielen bereits existierenden „SNMP-Agents" eine große Menge von potenti-ellen „Quellen" für Managementinformation dar.

Konkret bietet JMAPI folgende Möglichkeiten der Integration von „SNMP-Agents":

♦ Spezielle Java-Klassen, die das SNMP-Protokoll implementieren und Schnittstellen anbieten, um dieses Protokoll zu nutzen.

♦ Eine Menge von JMAPI „managed objects", die den Gebrauch dieser Java-Klassen vereinfachen.

♦ Eine Realisierung eines speziellen „managed object", das die SNMP-„Traps" in JMAPI-„Events" umwandelt.

Andere Protokolle

Sollen weitere Standards oder Protokolle in ein JMAPI-System eingebunden werden, müssen wie schon bei WBEM spezielle Agenten implementiert werden, die dann für die Kommunikation mit den entsprechenden Manage-mentlösungen verantwortlich sind.

5.6 Die JMAPI-Benutzungsschnittstelle

„Look and Feel"

Im Gegensatz zu WBEM definiert JMAPI sehr genau das „Look and Feel" einer JMAPI-gerechten Managementapplikation.

„Admin View Module"

Das „Admin View Module" (AVM) von JMAPI stellt dazu umfangreiche und mächtige Klassen zur Verfügung, mit denen Benutzungsschnittstellen gebaut werden können, die sowohl optisch ansprechend als auch leicht und intuitiv zu bedienen sind.

„Style Guide"

Der „Java Management API User Interface Style Guide" [JMAPI-2] und der „Java Management User Interface Visual Design Style Guide" [JMAPI-3] definieren das Verhalten und Erscheinungsbild einer JMAPI-Benutzungsschnittstelle.

Komponenten

Grundsätzlich setzt sich eine JMAPI-Benutzungsschnittstelle aus den fol-genden Komponenten zusammen:

- Web-Browser

- Web-Seite

- „Content Manager"

- Dialog

- Objekt

Da das im zweiten Teil dieser Arbeit vorgestellte Framework GUI-Komponenten verwendet, die in weiten Teilen dem hier beschriebenen JMAPI „Look and Feel" entsprechen, sollen die obigen Komponenten im folgenden ausführlicher vorgestellt werden. Die abgebildeten Beispiele sind dem implementierten Framework entnommen.

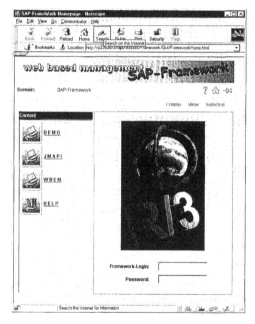

Abbildung 5.6–1 Ein einfaches JMAPI-Applet

5.6.1.1 Der Web-Browser

Der (Java-fähige) Web-Browser dient dazu, Web-Seiten anzuzeigen, die im Normalfall Applets enthalten. Die bekannten Paradigmen bei der Arbeit mit einem Browser sind nicht implizit in das Model der JMAPI-Benutzungsschnittstelle integriert, können aber zusätzlich verwendet werden.

5.6.1.2 Die Web-Seite

Aufgabe

Die Web-Seite ist zentraler Teil der JMAPI-Benutzungsschnittstelle. Sämtliche verwalteten Objekte und verfügbaren Informationen werden über Web-Seiten (und Dialoge) angezeigt. Das Navigieren durch die modellierte

Systemlandschaft geschieht primär „von Seite zu Seite". Einer Seite ist dabei in der Regel immer ein bestimmtes Objekt zugeordnet.

Jede Web-Seite zeigt im Normalfall ein einzelnes JMAPI-Applet an. Jedes JMAPI-Applet verfügt dabei über grundlegende Komponenten wie z.B. ein Bannerlogo, eine Titelzeile mit Angabe der aktuellen „Domain, eine Menüleiste mit den typischen JMAPI-Menüs „Create", „View" oder „Selected", sowie einen zentrale Bereich, in dem die Informationen dargestellt werden. Abbildung 5.6-1 zeigt die grundlegenden Komponenten eines JMAPI-Applets.

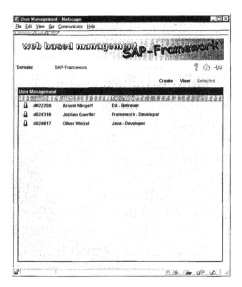

Abbildung 5.6–2 Ein einfacher "Content Manager"

JMAPI unterscheidet drei Arten von Web-Seiten:

♦ **Einfache Seiten**

Einfache Seiten enthalten einen einzigen „Content Manager" zur Anzeige eines Objektes. Abbildung 5.6-2 zeigt eine „einfache" Seite, die einen „Content Manager" enthält, um definierte Benutzer anzuzeigen.

♦ **Zusammengesetzte Seiten**

Zusammengesetzte Seiten enthalten mehrere „Content Manager", die unterschiedliche aber logisch zusammengehörende Objekte bzw. „Services" darstellen. Abbildung 5.6-3 zeigt eine zusammengesetzte Seite, die zwei „Content Manager" enthält. Einen zur Anzeige der verfügbaren Funktionen und einen zur Anzeige der auftretenden „Events".

♦ **„Property Books"**

◆ „Property Books"

„Property Books" enthalten einen einzigen speziellen „Content Manager", der die Konfiguration von Objekten erlaubt. Abbildung 5.6-4 zeigt
das „Property Book" zu einem Benutzer-Objekt.

5.6.1.3 Der „Content Manager"

Mittels einem „Content Manager" können Objekte bzw. deren Instanzen
gruppiert und angezeigt werden. JMAPI stellt eine Reihe von „Content Managern" zur Verfügung, die individuell erweitert werden können, und die
von der einfachen textuellen Listen- oder Tabellendarstellung, über hierarchische „Browser", bis hin zu beliebig komplexen grafischen Darstellungen
reichen können.

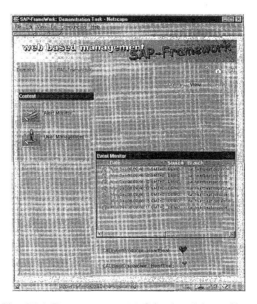

Abbildung 5.6–3 Eine zusammengesetzte Seite mit zwei „Content Managern"

Während Abbildung 5.6-2 einen „Content Manager" zeigt, der eine einfache
Tabellendarstellung verwendet, enthält Abbildung 5.6-5 einen „Content Manager", der die Daten mit Hilfe eines hierarchischen „Browsers" abbildet.

Der Benutzer kann zudem für jeden „Content Manager" individuell das
gewünschte „Update"-Verhalten einstellen. JMAPI bietet dabei drei Möglichkeiten:

◆ Benutzergesteuertes „Update"

Beim benutzergesteuerten „Update" eines „Content Managers" wird der
Inhalt nur auf expliziten Wunsch den Benutzers aktualisiert. Dadurch ist
nicht immer gewährleistet, daß der „Content Manager" auch wirklich die
aktuellsten Daten anzeigt.

◆ **Ereignisgesteuertes „Update"**

Beim ereignisgesteuerten „Update" wird der Inhalt eines „Content Managers" immer dann aktualisiert, wenn bestimmte (frei zu wählende) „Events" auftreten. Durch ein ereignisgesteuertes „Update" kann bei richtiger Wahl der „Events" immer garantiert werden, daß der „Content Manager" die aktuellen Daten darstellt.

◆ **Zeitgesteuertes „Update"**

Beim zeitgesteuerten „Update" wird ein „Content Manager" immer nach einer frei zu wählenden Zeitspanne aktualisiert. Dies eignet sich z.b. sehr gut für „Content Manager" die bestimmte „Performance" - Werte über die Zeit darstellen sollen.

Benutzerdefiniert

Die grafische Repräsentation der Objekte in einem „Content Manager" kann im Normalfall vom Benutzer beeinflußt werden. Über ein betreffendes „Property Book" kann er dazu z.B. Farbwerte, Darstellungsvarianten oder Gruppierungsvorgaben definieren.

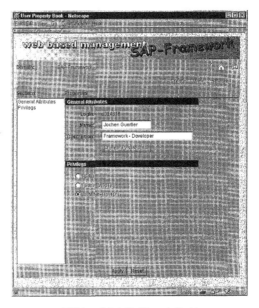

Abbildung 5.6–4 Ein "Property Book"

5.6.1.4 Der Dialog

Funktionalität

Der Dialog dient neben der Web-Seite zur Anzeige von Objekten und Objektinformationen. Darüberhinaus kann der Benutzer mit Hilfe von Dialogen auch Werte setzten und ändern.

Modi

Dialoge sind entweder abhängig von einer Web-Seite (d.h. dieser Dialog verschwindet vom Bildschirm, sobald die betreffende Seite verlassen wird) oder unabhängig (d.h. dieser Dialog bleibt unabhängig von der Seite, von der dieser Dialog aus aufgerufen wurde, auf dem Bildschirm sichtbar). Unabhängige Dialoge eignen sich hervorragend dazu, Statusinformationen eines Objektes über einen längeren Zeitraum anzuzeigen.

5.6.1.5 Objekt

Jedes „managed object" modelliert eine bestimmte Komponente aus der abzubildenden Systemlandschaft. Im Rahmen der JMAPI-Benutzungsschnittstelle „verfügt" jedes dieser „managed objects" über bestimmte GUI-Komponenten, mit Hilfe derer sich der Benutzer Informationen über das betreffende „managed object" anzeigen lassen kann.

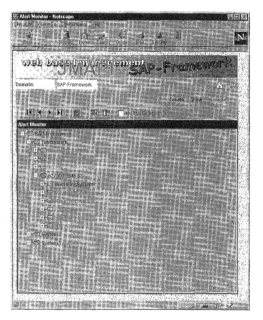

Abbildung 5.6–5 Ein hierarchischer Browser

So muß z.B. zu jedem „managed object" ein „Property Book" implementiert werden, das die Konfiguration sämtlicher Objektattribute erlaubt. Desweiteren müssen „Content Manager" bereitgestellt werden, die eine objektspezifische Darstellung erlauben.

6 Vergleich der beiden Ansätze

In den letzten beiden Kapiteln wurden mit der „Web Based Enterprise Management" (WBEM) Architektur und der „Java Management API" (JMAPI) zwei Ansätze vorgestellt, die für sich beide den Anspruch erheben, „den" Standard für zukünftige web-basierte Managementlösungen zu definieren.

Im folgenden nun sollen diese beiden Ansätze hinsichtlich verschiedener Kriterien verglichen und bewertet werden.

6.1 Portabilität

Gerade weil die beiden verglichenen Ansätze mit beliebigen Hardwarekonfigurationen lauffähig sein wollen, stellt sich die Frage nach der *Portabilität* der einzelnen Ansätze. Konkret interessiert hierbei u.a., ob es möglich ist, einmal implementierte Komponenten (möglichst problemlos) auf eine andere Plattform zu portieren oder ob Systemkonfigurationen möglich sind, in denen sich die einzelnen Komponenten auf unterschiedlichen Plattformen befinden.

♦ **WBEM**

Grundsätzlich erlaubt WBEM, nicht zuletzt durch die beigefügte Java API, die Entwicklung von plattformunabhängigen Komponenten. Aber auch bei Verwendung anderer Sprachen sind nicht zuletzt durch die vielfältigen Implementierungsvarianten von HMMP, WBEM-Systeme denkbar, in denen die einzelnen Komponenten auf verschiedene Plattformen verteilt sind.

<small>NT optimiert</small>

Die im WBEM-SDK enthaltenen Komponenten sind aber i.d.R. auf reine NT-Umgebungen optimiert.

♦ **JMAPI**

Da JMAPI komplett in Java realisiert ist, „erbt" JMAPI die Plattformunabhängigkeit von Java, die spätestens mit der demnächst erscheinenden Version 1.2 des JDKs wirklich robust und fehlerfrei möglich sein sollte, so daß der vielzitierte Werbeslogan „Write once, run everywhere" allmählich Wirklichkeit wird.

Sun weist aber explizit daraufhin, daß die bereitgestellten Komponenten und Klassen nur unter Solaris und WindowsNT getestet werden (wobei sie aber dennoch zumindest theoretisch auf jeder Plattform lauffähig sein sollten, die Java unterstützt).

Speziell bei der Implementierung der „agents objects" ist in diesem Zusammenhang aber zu beachten, daß diese Plattformunabhängigkeit durch die Verwendung von „native code" innerhalb eines „agent objects" i.a. verloren geht.

6.2 Integration

Sowohl WBEM also auch JMAPI haben sich zum Ziel gesetzt, (möglicherweise) heterogene Systeme auf konsistente Weise zu modellieren und Managementinformation beliebiger Art auf einheitliche Art und Weise bereit zu stellen. Um dies zu ermöglichen ist u.a. die Möglichkeit der *Integration* bestehender Managementlösungen und -standards von Nöten.

♦ **WBEM**

WBEM ermöglicht durch den Einsatz spezieller „Object Provider" grundsätzlich die Integration beliebiger Managementplattformen. Solch ein „Object Provider" dient dann als „Bindeglied" zwischen WBEM und der Managementplattform und ist u.a. für die Konvertierung von Datenmodellen oder Nachrichten in einem bestimmten Protokoll zuständig.

SNMP

In der aktuellen Version bietet WBEM konkret Möglichkeiten für die Integration von Managementlösungen, die auf SNMP basieren. Besonders zu erwähnen ist hierbei ein spezieller MIB-Compiler, der die automatische Umwandlung von MIBs in CIM-Objektbeschreibungen erlaubt.

♦ **JMAPI**

Für JMAPI ist die Integration bestehender Managementstandards oder Managementprotokollen grundsätzlich ebenfalls über die Verwendung spezieller „agent objects" möglich.

SNMP

Wie WBEM beinhaltet auch JMAPI in der aktuellen Version Komponenten (in diesem Fall spezielle Klassen), die die Einbindung von SNMP erlauben. U.a. ist damit die Umwandlung von SNMP-„Traps" in JMAPI-„Events".

6.3 Erweiterbarkeit

Sollen innerhalb eines bestehenden Managementsystems neue Systemkomponenten modelliert und integriert werden, stellt sich die Frage nach der grundsätzlichen *Erweiterbarkeit* und dem damit verbundenen Aufwand. Gibt es Werkzeuge, die den Benutzer oder Entwickler dabei (wenigstens zum Teil) unterstützen? Gibt es Automatismen, die durchlaufen werden?

♦ **WBEM**

Grafische Werkzeuge

Sollen innerhalb von WBEM neue Systemkomponenten modelliert und integriert werden, kann in der aktuellen Version auf mehrere grafische Werkzeuge und „Wizzards" zurückgegriffen werden, die z.B. die Neudefinition eines „managed object" oder das Erstellen eines „Object Providers" unterstützen.

♦ **JMAPI**

Kommandozeilenversion

JMAPI stellt diverse Werkzeuge zur Verfügung, die die Generierung benötigter Java-Dateien und die Einbindung neuer „managed objects" in die Datenbank ermöglichen. Allerdings sind diese Programme nur als Kommandozeilenversion verfügbar, und daher zumindest für den Anfänger nicht leicht zu bedienen.

Speziell für der Erstellung der benötigten GUI-Komponenten gibt es keinerlei Werkzeuge, die dies automatisieren. Nicht zuletzt weil JMAPI das grafische Aussehen einer JMAPI-Applikation so genau vorschreibt, sollte es aber gerade hierfür Werkzeuge geben, die den Entwickler dabei unterstützen.

Ideal wäre es in diesem Zusammenhang sicherlich, wenn sowohl JMAPI als auch WBEM Werkzeuge zur Verfügung stellen würden, die ausgehend von einer (abstrakten) Modellbeschreibung, die benötigten Programmdateien, Agenten oder GUI-Komponenten weitgehend automatisch erstellen. Der Entwickler könnte sich so auf eine Optimierung des Objektmodells konzentrieren, anstatt sich mit der Erstellung von im Prinzip immer wiederkehrenden Code-Sequenzen beschäftigen zu müssen.

6.4 Skalierbarkeit

In beiden betrachteten Managementansätzen existieren jeweils einzelne Managerkomponenten, die zentrale Aufgaben des Systems übernehmen, und die die Kommunikation zwischen Applikations- und Agentenebene ermöglichen.

Speziell bei sehr großen Systemen kann dies zu Performance-Problemen führen. Es stellt sich also die Frage nach der *Skalierbarkeit* der einzelnen Ansätze. Gibt es Möglichkeiten, mehrere Manager gleichzeitig einzusetzen? Und wie verhält sich das System, wenn sehr viele Benutzer gleichzeitig auf eine große Menge an „managed objects" zugreifen wollen?

♦ **WBEM**

Da im Rahmen dieser Arbeit keine WBEM-Implementierung vorgenommen werden konnte, kann keine detaillierte Aussage über Stärken und Schwächen in diesem Bereich getroffen werden. Allerdings ergeben sich wohl ähnliche Probleme wie bei JMAPI, da auch WBEM die Verwendung eines zentralen CIMOMs vorsieht.

♦ **JMAPI**

Sobald viele Benutzer gleichzeitig auf viele (tausend?) „managed objects" zugreifen wollen, die von einem einzigen MOS verwaltet werden, ergeben sich fast zwangsläufig Performance-Schwierigkeiten, da alle Anfragen von diesem einen MOS bearbeitet werden müssen. Abhilfe würde der Einsatz von mehreren MOS schaffen, die dann z.B. hierarchisch angeordnet werden könnten. Derzeit erlaubt JMAPI zwar die Instantiierung mehrerer MOS; eine Kommunikation zwischen mehreren MOS wird aber (noch) nicht unterstützt, ist aber nach Aussage von Sun für eine der zukünftigen Versionen vorgesehen.

Weitere offene Fragen sind u.a., ob grundsätzlich nur ein Datenbank für alle MOS vorgesehen ist, oder ob auch auf dieser Ebene Skalierungen möglich sind und inwieweit die vorhandenen Daten über die Systemlandschaft verteilt werden können.

6.5 Datenmodellierung

Neben der Integration bestehender Managementstandards und -protokollen erheben sowohl WBEM als auch JMAPI für sich den Anspruch, einen konsistenten Zugriff auf die gesamte Managementinformation anzubieten. Hierzu bedarf es sehr grundsätzlicher und allgemeiner Möglichkeiten der *Datenmodellierung*.

♦ **WBEM**

WBEM unterstützt in der aktuellen Version das „Common Information Model" (CIM) in der Version 1.1, das sowohl Modellierungsformalismus (mittels dem „Meta Schema") als auch grundlegende Objekte bzw. Objektmodelle (innerhalb des „Standard Schemas") bereitstellt, die vom Entwickler gegebenenfalls erweitert werden können.

Durch Verwendung sogenannter „Name Spaces" kann zudem eine weltweit eindeutige Namensgebung realisiert werden.

In Hinblick auf die zu erwartende allgemeine Verbreitung und Akzeptanz von CIM, bietet WBEM an dieser Stelle sicherlich eine zukunftsweisende Möglichkeit.

♦ **JMAPI**

JMAPI stellt mit den „Base Objects" eine reichhaltige Menge von Basisklassen zur Verfügung, die aber auf keinem „abstrakten" bzw. allgemein anerkannten und verbreiteten Datenmodel aufbauen.

In einer der nächsten Versionen wird auch JMAPI eine Implementierung des CIM-Standards enthalten. Ob diese dann die bestehenden „Base Objects" vollständig ersetzt oder nur erweitert bleibt abzuwarten. Hinsichtlich der von Sun erstrebten marktdurchdringenden Akzeptanz von JMAPI ist aber die Integration von CIM ein sehr wichtiger Faktor.

6.6 Sicherheitskonzept

Gerade beim Einsatz von web-basierten Softwarelösungen, muß die Frage gestellt werden, ob und wie sie die betreffende Softwarelösung gegen mutwilligen oder fehlerhaften Zugriff von Dritten schützt. Ein wesentlicher Aspekt eines web-basierten Managementsystems ist daher das vorhandene *Sicherheitskonzept*.

♦ **WBEM**

WBEM unterstützt das vorgestellte zweistufige Sicherheitskonzept.

♦ **JMAPI**

JMAPI enthält in der aktuellen Version kein ausgereiftes Sicherheitskonzept. Für die Zukunft sind aber in diesem Bereich Ergänzungen geplant, die sich dann an den Möglichkeiten orientieren werden, die das JDK im Bereich „Sicherheit" bietet.

6.7 Abhängigkeiten

Spätestens beim praktischen Einsatz eines web-basierten Managementsystems stellt sich die Frage, ob die eingesetzte Lösung *Abhängigkeiten* beinhaltet. Werden zusätzliche Hardware- oder Softwarekomponenten benötigt? Sind diese gegebenenfalls frei verfügbar oder nur bei bestimmten Herstellern erhältlich? Welche Kosten entstehen dabei?

♦ **WBEM**

WBEM ist unabhängig von einer bestimmten Implementierungssprache. Im Augenblick unterstützt WBEM standardmäßig C++ und Java (indem z.b. die integrierten Werkzeuge C++ Code-„Skelette" erstellen, die vom Entwickler dann noch ausgefüllt werden müssen).

Da für das „HyperMedia Management Protocol" (HMMP) der darunterliegende Transportmechanismus nicht festgeschrieben ist, ergeben sich auch in diesem Punkt vielfältige Implementierungsvarianten (die Java API sieht z.b. zwei Möglichkeiten vor: Findet die Kommunikation innerhalb einer reinen NT-Umgebung statt, baut HMMP auf DCOM auf; sollen auch andere Plattformen integriert werden, wird das „Transport Communication Protocol" (TCP) verwendet.

Microsoft bietet dem Entwickler bei WBEM ungewohnt viele Freiräume. Allerdings ist WBEM an einigen Stellen auf den Betrieb in reinen NT-Umgebungen optimiert, ohne jedoch den Einsatz anderer Plattformen zu beschränken.

♦ **JMAPI**

JMAPI setzt voll auf Java. Sowohl der MOS als auch die AOFs auf den verschiedenen „Appliances" werden in Java implementiert (allerdings können die „agent objects" in den „Appliances" auch „native code" verwenden). Jeder Rechner, der als MOS oder „Appliances" fungieren soll, muß daher die „Java Virtual Machine" (JVM) installiert haben.

JMAPI verwendet für die Kommunikation zwischen einzelnen Objekten ausschließlich den Java-eigenen Kommunikationsmechanismus „Remote Method Invocation" (RMI).

JMAPI benötigt für die persistente Speicherung der Managementinformation zusätzlich ein relationales Datenbanksystem.

JMAPI ist eindeutig auf Java zugeschnitten, so daß ein Einsatz von JMAPI praktisch „100% Java" und eine starke Abhängigkeit von Sun bedeutet.

6.8 Installation und „Maintenance"

Speziell für den fehlerfreien täglichen Betrieb eines web-basierten Managementsystems sind neben vernünftiger Hilfen bei der *Installation* umfangreiche Möglichkeiten und Werkzeuge von Nöten, die zahlreichen Komponenten eines solchen Systems zu warten und zu „managen".

♦ **WBEM**

Da im Rahmen dieser Arbeit keine WBEM-Implementierung vorgenommen werden konnte, kann keine Aussage über Stärken und Schwächen in diesem Bereich getroffen werden.

♦ **JMAPI**

Die derzeitigen Installationsroutinen weisen vor allem bei der Konfiguration des Datenbanksystems noch einige Mängel auf (vgl. Kapitel 9.6.1).

Beim Start eines JMAPI-Systems müssen der MOS und alle „Appliances" (bzw. die darauf befindlichen AOFs) „von Hand" installiert und gestartet werden. Zudem muß auf all diesen Rechner die benötigte JVM installiert werden. Sind die betreffenden Rechner räumlich weit verteilt, kann dies durchaus zu Problemen und erheblichem Aufwand führen.

„Self-Monitoring" Während dem Betrieb muß das „Self-Monitoring" der einzelnen Komponenten möglich sein, um den aktuellen Zustand des Systems zu kennen. JMAPI bietet dazu kaum Möglichkeiten; lediglich der MOS kann über verschiedene System-„Events" andere Komponenten von sich aus über Zustandsänderungen informieren. Soll oder muß ein „agent object" eines JMAPI-Systems über solche Möglichkeiten verfügen, muß dies vom Entwickler selbst implementiert werden.

Es ist also nicht ohne weiteres möglich, an zentraler Stelle Informationen über den Zustand einzelner Komponenten zu verwalten (um z.B. entscheiden zu können, ob eine AOF noch läuft).

6.9 Verfügbarkeit

Im Rahmen dieser Arbeit hat sich einmal mehr die teilweise nicht zu vernachlässigende Kluft zwischen spezifizierter und tatsächlich verfügbarer Funktionalität gezeigt. Sowohl WBEM als auch JMAPI befinden sich in „Prereleases" oder „Beta Releases", so daß zum einen bereits angekündigte Funktionalität noch nicht oder nur fehlerhaft verfügbar ist, und zum anderen durchaus noch mit (konzeptuellen) Änderungen zu rechnen ist. Managementlösungen, die auf die augenblicklichen Versionen von JMAPI oder WBEM aufbauen, sind daher eindeutig nur „Prototypen", die unter Umständen mit den „final releases" nicht mehr lauffähig sind.

7 WBM und das R/3-System

Nach einigen einführenden Worten über das R/3-System im allgemeinen werden in diesem Kapitel zum einen die bisherigen im R/3-System integrierten Möglichkeiten eines Systemmanagements beschrieben. Zum anderen wird die im Release 4.0 neu eingeführte „Monitoring Architecture" vorgestellt, die neue Möglichkeiten für ein „externes" Systemmanagement eines R/3-Systems anbietet.

7.1 Das R/3-System

SAP AG

Im Jahr 1997 feierte die SAP AG ihr 25-jähriges Betriebsjubiläum. In dieser Zeit gelang *dem* deutschen Softwarehaus ein (fast) beispielloser Aufstieg zu einem der „global player" auf dem heftig umkämpften IT-Markt.

R/3-System

Speziell der Erfolg des R/3-System hat dazu beigetragen, daß aus dem ehemals kleinen „5-Mann-Betrieb" ein heute weltweit agierendes und beachtetes Software-Unternehmen geworden ist.

Das R/3-System ist ein auf einer mehrstufigen Client-Server-Architektur basierendes, offenes (Software-) System, das alle nur erdenklichen betriebswirtschaftlichen Aufgaben bewältigen kann.

Schichtenmodell

Der Aufbau des R/3-Systems folgt einem Schichtenmodell mit weitgehend unabhängigen, über Schnittstellen verbundenen Funktionsebenen. Die in Abbildung 7.1-1 wiedergegebenen Hauptschichten sind dabei die

♦ Basisschicht sowie die

♦ Anwendungsschicht.

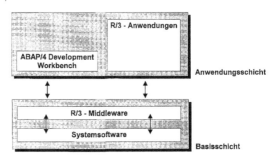

Abbildung 7.1–1 Die Schichtenarchitektur des R/3-Systems

„Middleware"

In der Basisschicht ist die „Middleware" des R/3-Systems realisiert, die die Anwendungen unabhängig von den benutzten Systemschnittstellen des Betriebssystems, des Datenbanksystems und des Kommunikationssystems macht und die für eine optimale Abwicklung der betriebswirtschaftlichen Transaktionen sorgt ([EGN96]).

7.1.1 Die Client-Server-Architektur

Client-Server-Architektur Die „klassische" Client-Server-Architektur des R/3-Systems ([BEG96]) läßt sich in folgende Ebenen unterteilen:

◆ **Präsentationsebene**

Auf der Präsentationsebene befinden sich die grafischen Benutzungsschnittstellen, die für die Darstellung und Aufbereitung der Daten verantwortlich sind. Diese befinden sich i.a. auf dem lokalen Arbeitsplatzrechner und erleichtern die Bedienung durch grafische und standardisierte Benutzerführung.

◆ **Applikationsebene**

Auf der Applikationsebene laufen die Anwendungsprogramme, die Anfragen der Präsentationsebene verarbeiten. Die dazu benötigten Daten erhalten die Anwendungsprogramme von der Datenbankebene.

◆ **Datenbankebene**

Auf der Datenbankebene werden die Anfragen der Applikationsebene durch Zugriff auf die konkreten Datenbanksysteme befriedigt.

Konfigurationen Grundsätzlich erlaubt die mehrschichtige Client-Server-Architektur des R/3-System vielfältige Konfigurationen, von denen im folgenden die drei typischsten vorgestellt werden sollen.

◆ **Zentrale R/3-Konfiguration**

Bei dieser Konfiguration wird die gesamte Verarbeitung, bestehend aus Präsentation, Applikation und Datenbank auf einem zentralen Rechner durchgeführt. Diese Konfiguration spielt in der Praxis praktisch keine Rolle.

◆ **Zweistufige R/3-Konfiguration**

Innerhalb dieser Konfiguration findet die Datenbank- und Anwendungsverarbeitung auf einem zentralen Server statt, während die Präsentation auf mehrere Clients verteilt wird. Dabei übernimmt der lokale Rechner beim Anwender die grafische Aufbereitung, und entlastet damit den Server von der Präsentationsverarbeitung.

Viele kleinere und mittlere R/3-Installationen verwenden diese Konfiguration der R/3-Architektur, bei der bevorzugt Personalcomputer mit dem grafischen Betriebssystem Windows als Client eingesetzt werden. Diese Konfiguration ist die am weitest verbreitete.

◆ **Dreistufe R/3-Konfiguration**

Bei dieser Konfiguration schließlich werden auch die Anwendungs- und Datenbankverarbeitung auf mehrere Rechner aufgeteilt. Dabei können die Anwendungsanforderungen auf mehrere Applikationsserver verteilt werden, die ihre Daten dann von einem zentralen Datenbankserver erhalten.

Skalierbarkeit Diese Art der Verteilung verkürzt im Gegensatz zu den beiden zuvor beschriebenen Strukturen durch eine verbesserte Lastverteilung die Antwortzeiten des Systems. Außerdem wird die Flexibilität des Gesamtsystems erhöht, indem auf jeder Client-Server-Ebene die für die Anforderung notwendige Rechnerleistung bereitgestellt werden kann.

Demzufolge wird diese Client-Server-Architektur bevorzugt bei großen R/3-Installationen eingesetzt; nicht zuletzt da solch ein System dabei durch Einbindung von weiteren Applikationsservern praktisch beliebig erweitert werden kann.

Abbildung 7.1-2 veranschaulicht die eben besprochenen Konfigurationen.

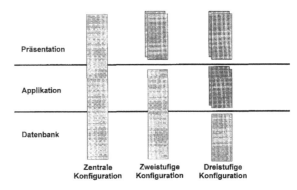

Abbildung 7.1–2 Mögliche Konfigurationen

Entscheidungskriterien Bei der Entscheidung, welche Konfiguration gewählt werden sollte, spielen verschiedene Kriterien eine Rolle. Die dreistufige R/3-Konfiguration erhöht durch den Einsatz mehrerer Applikationsserver die Verfügbarkeit des Gesamtsystems, da das gewollte oder ungewollte Stoppen eines Applikationsservers nicht zwangsläufig das Stoppen des Gesamtsystems nach sich zieht. Desweiteren ist die Systemerweiterbarkeit bzw. die Skalierbarkeit der einzelnen Hardwarekomponenten bei der dreistufigen Konfiguration (auch im Preis-Leistungs-Verhältnis) wesentlich besser als bei der zweistufigen Variante. Diese wiederum ist leichter zu „managen", da Datenbank- und Applikationsverarbeitung auf einem Rechner ablaufen.

Da die Flexibilität des R/3-Systems auch eine nachträgliche Konfigurationsänderung jederzeit zuläßt, werden R/3-Systeme zu Beginn oft in der zweistufigen Variante ausgelegt. Erst wenn höhere Anforderungen an das System gestellt werden, wird auf die dreistufige Konfiguration übergegangen.

7.1.2 Die „Multi-Tier-Architecture"

Neben der im letzten Abschnitt besprochenen „klassischen" Client-Server-Architektur des R/3-Systems, wurde und wird die Architektur des R/3-System erweitert und angepaßt, um auch zukünftigen Anforderungen gerecht zu werden. Mit Hilfe des „Internet Transaction Servers" (IST) z.B. werden web-basierte Applikationen auf Basis eines R/3-Systems möglich. Zudem soll das R/3-System zunehmend komponentisiert werden. Abbildung 7.1-3 zeigt die „Multi-Tier-Architecture" des R/3-Systems.

Neben der „klasssichen" Client-Server-Architektur ermöglicht der „Internet Transaction Server" die Anbindung web-basierter Applikationen an ein R/3-System. Mittels den JavaGUIs, die vor allem in Intranets eingesetzt werden sollen, wird zudem eine weitere plattformunabhängige Realisierung der Präsentationsebene angeboten.

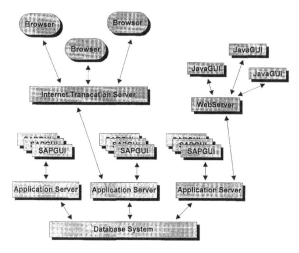

Abbildung 7.1–3 Die "Multi-Tier-Architecture"

7.2 Bisheriges Management eines R/3-Systems

Um einen zuverlässigen und störungsfreien Betrieb eines R/3-Systems in zentralen und verteilten Umgebungen sicherzustellen, werden Management-Werkzeuge u.a. für folgende Aufgaben benötigt:

♦ Systemsteuerung

♦ Systemüberwachung

♦ Systemoptimierung

♦ Problemmanagement

CCMS

Das R/3-System beinhaltet alle für die Erfüllung der genannten Aufgaben erforderlichen Werkzeuge, die im wesentlichen im „Computing Center Management System" (CCMS) zusammengefaßt sind.

Das CCMS ist eng mit den R/3-Anwendungen sowie mit den unterstützten Betriebssystemen, Datenbanksystemen und Netzwerken verbunden. Hauptaufgabe ist aber die Überwachung und Wartung der R/3-„Middleware" (die auch „R/3-Basis" genannt wird).

Es bietet dem Systemadministrator eine grafikorientierte Sicht auf alle relevanten Daten, die den Steuerungs- und Überwachungsaufwand für das Gesamtsystem weitgehend reduziert.

Neben den zentralen Aufgaben der Systemüberwachung und Systemsteuerung stehen zur „externen" Anbindung weiterer Systemmanagementdienste oder -plattformen offene Schnittstellen des CCMS zur Verfügung. Dies ist insbesondere bei großen, heterogenen Umgebungen notwendig, in denen eine R/3-Installation zusammen mit anderen Systemen administriert werden muß.

7.3 Die „Monitoring Architecture"

In der Version 4.0 des R/3-Systems wurde mit der „Monitoring Architecture" ein Systemmanagement-Framework in das CCMS integriert, das die komfortable Überwachung auch mehrere R/3-Systeme an zentraler Stelle ermöglicht. Zudem bietet die „Monitoring Architecture" die Möglichkeit des „externen" Systemmanagements.

Mit Hilfe frei konfigurierbarer Monitore kann sich ein Systemadministrator beliebige Sichten auf die zu administrierenden Systeme definieren, die ihm dann die gewünschten Performance- und Zustandswerte präsentieren.

Im Vergleich zu den bisherigen Systemmanagementlösungen bietet die „Monitoring Architecture" folgende Vorteile und Neuerungen:

♦ Mehrere R/3-Systeme lassen sich gleichzeitig überwachen.

♦ Sämtliche bereitgestellten Systemdaten können über verschiedene Schnittstellen nach „außen" gegeben werden. Im Vergleich zu den bisherigen Lösungen stehen dabei wesentlich mehr Informationen zur Verfügung.

♦ Mit Hilfe der frei konfigurierbaren Monitore kann sich jeder Benutzer problem- oder benutzerdefinierte Monitorsammlungen definieren.

♦ Die „Monitoring Architecture" ist dynamisch um (Management-) Objekte erweiterbar, die sowohl durch aktive als auch passive „Data Supplier" mit Managementinformation versorgt werden können. Desweiteren können spezielle (objekt-abhängige) Werkzeuge definiert werden, die weitere Detailinformation beschaffen („Analyze-Tools") oder die (automatisch) auf auftretende „Alerts" reagieren („On-Alert-Tools").

♦ Sämtliche („Customizing"-) Einstellungen können ohne Probleme in andere R/3-Systeme übernommen werden.

♦ Weite Teile der „Monitoring Architecture" sind vorkonfiguriert; können gleichzeitig aber sehr flexible an die speziellen Bedürfnisse eines Benutzers angepaßt werden.

7.3.1 Die Architektur

Auf hohem Abstraktionsniveau läßt sich der Aufbau der „Monitoring Architektur" in drei Ebenen unterteilen:

♦ Die „Data Supplier" versorgen die innerhalb der „Monitoring Architecture" definierten Monitorattribute mit den aktuellen Werten und Systemzuständen; man unterscheidet hierbei zwischen „aktiven" und „passiven"

„Data Supplier" (aktive „Data Supplier" liefern von sich aus Daten; passive tun dies nur auf Anforderung).

♦ Die „Data Consumer" sind in der Regel Programme, die die Daten der „Monitoring Architecture" verwenden. Beispiele für „Data Consumer" sind die zahlreichen CCMS-Monitore oder aber auch das im Rahmen dieser Arbeit erstellte Framework.

♦ Die „Monitoring Architecture" schließlich stellt das „Bindeglied" zwischen „Data Supplier" und „Data Consumer" dar.

Abbildung 7.3-1 verdeutlicht das Zusammenspiel dieser Schichten.

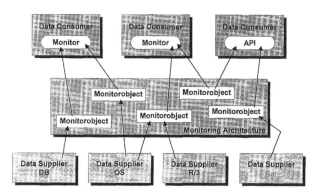

Abbildung 7.3–1 Die Architektur der "Monitoring Architecture"

7.3.2 Grundsätzliche Objekte

Im folgenden sollen die grundlegenden Objekte der „Monitoring Architecture" dargestellt werden, ohne jedoch auf sämtlichen Details einzugehen:

♦ **Das Monitorsegment**

Jede R/3-Instanz (d.h. in der Regel jeder Applikationsserver) verfügt über ein eigenes Monitorsegment. Dieses Monitorsegment enthält zum einen die gesamte Managementinformation über diese R/3-Instanz und zum anderen alle (daraus resultierenden) „Alerts".

Mit Hilfe der Monitorkontexte läßt sich der Inhalt eines Monitorsegmentes weiter untergliedern.

♦ **Der Monitorkontext**

Der Monitorkontext ist Teil eines Monitorsegmentes und repräsentiert eine logisch zusammenhängende Gruppe von Monitorobjekten. Ein Monitorsegment kann beliebig viele Monitorkontexte enthalten; jedoch gehört ein Monitorobjekt immer zu genau einem Monitorkontext. Innerhalb eines Monitorkontextes erlauben sogenannte Monitorsummenknoten eine weitere Gliederung der vorhandenen Monitorobjekte.

Ein Monitorkontext ist jedoch nicht unbedingt statisch an ein bestimmtes Monitorsegment gebunden, sondern kann unter Umständen sogar von einem zum anderen Monitorsegment verschoben werden. Das Monitor-segment dient lediglich als physikalischer „Container", dem ein Moni-torkontext zugeordnet wird.

♦ **Das Monitorobjekt**

Das Monitorobjekt faßt verschiedene Monitorattribute zusammen, die zum gleichen Objekt gehören. Mögliche Objekte sind z.B. „Disk", „Data Base", „CPU" oder einzelne Komponenten eines R/3-Systems.

♦ **Das Monitorattribut**

Ein Monitorattribut schließlich beschreibt genau eine Eigenschaft eines Monitorobjektes. Die „Monitoring Architecture" unterscheidet mehrere Typen von Monitorattributen, wobei allen (außer dem Textattribut) die Fähigkeit gemeinsam ist, selbst einen „Alert" auszulösen. Mögliche Ty-pen von Monitorattributen sind u.a. „Performance"-, „Heartbeat"- oder „SingleMessage"-Attribute, auf die aber an dieser Stelle nicht weiter eingegangen werden soll.

Werkzeuge

Das Monitorattribut erlaubt die Definition spezieller „Werkzeuge", mit Hilfe derer festgelegt werden kann, wie die benötigten Daten beschafft werden können oder was im Falle eines „Alerts" zu tun ist.

Monitorbaum

Visualisiert werden all diese Objekte mit Hilfe eines Monitorbaumes, der durch die hierarchische Anordnung die vorhandenen Abhängigkeiten nach-bildet. So stellt z.B. ein Monitorkontext immer die Wurzel eines Teilbaumes dar (dieser Teilbaum enthält dann alle in diesem Monitorkontext definierten Monitorobjekte), wohingegen ein Monitorattribut grundsätzlich durch ein „Blatt" im Monitorbaum repräsentiert wird.

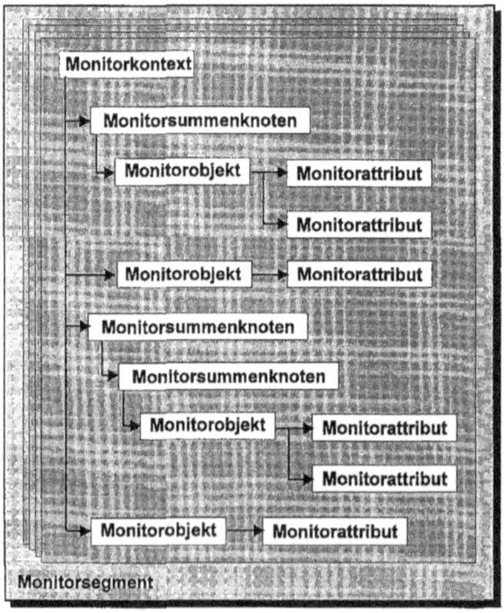

Abbildung 7.3–2 Die Objekte der "Monitoring Architecture"

Abbildung 7.3-2 zeigt die oben aufgeführten Objekte der „Monitoring Architecture" und deren hierarchische Anordnung.

Virtuelle Knoten Neben den bisher vorgestellten Objekten gibt es desweiteren sogenannte „virtuelle Knoten", mit deren Hilfe die verschiedenen Monitorsegmente bzw. die darin enthaltenen Monitorkontexte noch einmal logisch zusammengefaßt werden können. Speziell beim gleichzeitigen Management von mehreren R/3-Systemen lassen sich mit diesen „virtuellen Knoten" die Vielzahl der Monitorobjekte weiter untergliedern und organisieren.

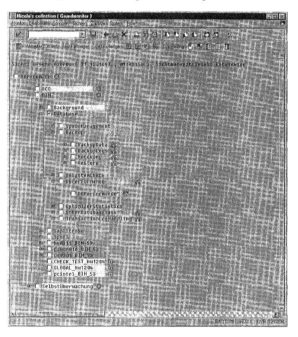

Abbildung 7.3-3 Der Monitorbaum zweier R/3-Systeme

Abbildung 7.3-3 zeigt den Monitorbaum zweier R/3-Systeme BIN und BCO. Die virtuellen Knoten sind dabei durch das „Kreuz im Kreis" markiert. Sie definieren einen „virtuellen Baum", der über den Baum, der durch die physischen Knoten definiert wird, „übergestülpt" wird.

7.4 Web-basiertes Management für das R/3-System

Mit der „Monitoring Architecture" können externe Systemmanagementlösungen umfangreiche Performance- und Zustandsformationen aus einem R/3-System erhalten. Diese können dann z.B. auch in ein einem web-basierten Managementsystem verwendet und angezeigt werden.

Die Verwendung web-basierter Managementlösungen bietet, neben den in Kapitel 3 aufgeführten Punkten, speziell für das Systemmanagement des R/3-System folgende Vorteile und Chancen:

- Gerade die im Abschnitt 7.1.2 vorgestellte „Multi-Tier-Architecture" macht neue Managementlösungen notwendig. Web-basierte Lösungen können hierbei eine entscheidende Rolle spielen.

- Das „Common Information Model" (CIM) könnte eine Möglichkeit darstellen, ein „abstraktes" Modell eines R/3-Systems über Plattform- und Herstellergrenzen hinweg zugänglich zu machen. WBEM (und demnächst auch JMAPI) bieten hierfür erste Implementierungen und Kommunikationsmittel.

- Der Einsatz von web-basierten Managementlösungen macht es grundsätzlich möglich, Applikations- und Agentenkomponenten, die unabhängig von der dazwischenliegenden Management-„Middleware" sind, zusammen mit dem R/3-System auszuliefern.

Das im Rahmen dieser Arbeit implementierte Framework macht dies beispielhaft deutlich.

8 Das Framework

Nachdem im letzten Kapitel ganz allgemein das „SAP-Umfeld" dieser Arbeit vorgestellt wurde, soll nun auf das implementierte Framework eingegangen werden, ohne allerdings Implementierungsdetails zu beschreiben. Diese Details werden im nächsten Kapitel vorgestellt.

Dieses Kapitel soll vielmehr die grundlegenden Gedanken und Ziele verdeutlichen, die beim Entwurf und dem Design des Frameworks eine Rolle gespielt haben, sowie die gefundenen Lösungswege dokumentieren.

8.1 Die Zielsetzung

Bei dem Entwurf und der Implementierung des hier vorgestellten Frameworks wurden die folgenden Zielsetzungen berücksichtigt:

♦ **Testumgebung**

Das Framework sollte die Überprüfung der theoretischen Überlegungen ermöglichen. Dazu sollten für beide vorgestellten Lösungsansätze (WBEM und JMAPI) prototypische Implementierungen erstellt werden, an Hand derer man die Erkenntnisse aus dem ersten Teil dieser Arbeit verifizieren und weiter hinterfragen kann.

Das Framework dient demnach in erster Linie als prototypische Implementierung einer Testumgebung. Es war kein Ziel dieser Arbeit ein „fertiges" Produkt zu erstellen.

♦ **Wiederverwendbarkeit**

Nicht zuletzt auf Grund der zeitlichen Begrenzung dieser Arbeit, sollte das Framework Möglichkeiten bieten, einzelne (Software-) Komponenten, Module oder eventuell sogar ganze Schichten austauschbar und wiederverwendbar zu realisieren.

♦ **„Monitoring Architecture"**

Wenn möglich, sollten die Möglichkeiten der „Monitoring Architecture" komplett in das Framework eingebettet werden.

Wichtiger als die Vollständigkeit war in diesem Punkt allerdings auf jeden Fall, daß Fragen hinsichtlich der Verfügbarkeit, der konzeptionellen Möglichkeiten und Grenzen und der eventuell auftretenden Probleme bei den konkreten Implementierungen der beiden denkbaren Ansätze geklärt werden.

Weitere Bereiche   Inwieweit weitere Bereiche eines kompletten web-basierten Managementsystems in das Framework integriert werden (z.B. Netzwerk-Management oder Benutzer-Management), sollte entscheidend davon abhängen, wie effizient konkrete Implementierungen für den jeweiligen Ansatz erstellt werden konnten.

Versuchsaufbau   Das angestrebte Framework dient demnach vor allem als Versuchsaufbau, an dem viele der bisher meist nur theoretischen Erkenntnisse über die zu vergleichenden Ansätze eines web-basierten Managementsystems in der Praxis überprüft und erweitert werden können.

8.2 Die Architektur

Da das Framework einen Rahmen bieten sollte, die WBEM und JMAPI miteinander vergleichen zu können, richtete sich die Architektur des Frameworks stark nach den in diesen Ansätzen verwendeten Architekturen.

Dreiteilung Demzufolge wurde auch hier die grundsätzliche Dreiteilung der Architektur in

- Applikationsschicht

- Managerschicht und

- Agentenschicht

unterstützt (vgl. Abbildung 8.2-1).

Realisierungen Die Realisierung der Applikations- und der Agentenschicht wurde dabei im Rahmen dieser Arbeit implementiert. Die nötigen Kommunikationsmechanismen zwischen den einzelnen Schichten wurden durch die jeweilige Managementarchitektur (WBEM oder JMAPI) bereitgestellt.

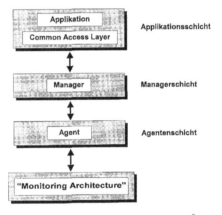

Abbildung 8.2–1 Die Architektur des Frameworks im Überblick

Wiederverwendbarkeit Um der geforderten Wiederverwendbarkeit von einzelnen Komponenten des Frameworks gerecht zu werden, wurden folgende Teile so entworfen und implementiert, daß sie grundsätzlich sowohl in einer WBEM- als auch in einer JMAPI-Realisierung Verwendung finden können:

- Die Komponenten des „Graphical User Interfaces" (GUI), die die Benutzungsschnittstelle der (Management-) Applikation bilden (dies wird durch die „Common Access Layer" (CAL) erreicht, die später noch ausführlicher vorgestellt werden soll),

- die zugrunde liegende (objektorientierte) Modellierung der „Monitoring Architecture", die in allen drei Schichten Berücksichtigung findet,

- sowie die konkrete Anbindung an die „Monitoring Architecture", die in der Agentenschicht eingesetzt wird.

Im folgenden sollen diese Komponenten weiter beschrieben werden.

8.2.1 Die verwendete Benutzungsschnittstelle

8.2.1.1 Das JMAPI „Look and Feel"

JMAPI „Look & Feel" Die im Framework realisierten GUI-Komponenten der (Management-) Applikation entsprechen in weiten Teilen den Richtlinien, die in der „Java Management API" in Bezug auf Benutzerführung, Oberflächendesign und grundsätzliche Bedienkomponenten und -paradigmen vorgeschrieben werden.

Die Gründe, dieses JMAPI „Look and Feel" für die GUI-Komponenten des gesamten Frameworks einzusetzen, waren die folgenden:

♦ In WBEM existieren im Augenblick keinerlei Vorschriften oder Richtlinien, wie „die" Benutzungsschnittstelle eines WBEM-Systems auszusehen hat. Dieser (im Grunde genommen) begrüßenswerte Freiheitsgrad erlaubt es dem Entwickler einerseits völlig unabhängig Benutzungsschnittstellen für WBEM-Systeme zu entwerfen. In Hinblick auf ein einheitliches „Look and Feel" und den damit verbundenen erleichterten Wechsel zwischen verschiedenen WBEM-Systemen ist dies aber andererseits eher negativ zu bewerten.

Nicht zuletzt die Dominanz und der Erfolg von Windows hat darüberhinaus gezeigt, daß einheitliche Benutzungsschnittstellen und Bedienparadigmen wesentlich zur flächendeckenden Verbreitung und allgemeinen Akzeptanz einer Softwarelösung führen.

Um eben diese Akzeptanz zu erreichen (und JMAPI im „Streben" um den Standard im web-basierten Management dadurch vielleicht einen Vorteil zu verschaffen), schreibt Sun explizit vor, wie die Benutzungsschnittstelle eines JMAPI-Systems auszusehen hat und welche Bedienkomponenten enthalten sein müssen.

Anmerkung: Die grundlegenden Komponenten und Bedienparadigmen des JMAPI „Look and Feel" wurden in Kapitel 5 näher beschrieben. Auf die praktischen Realisierungen innerhalb des Frameworks wird im nächsten Kapitel eingegangen.

♦ JMAPI stellt mit dem „Admin View Module" (AVM) ein umfangreiches Klassenpaket zur Verfügung, um eben diese Benutzungsschnittstellen bzw. die geforderten Komponenten selbst erstellen zu können.

Damit entfällt für einen Entwickler die sehr zeitintensive und im Prinzip unnötige Arbeit, im Bereich der Programmierung von grafischen Benutzungsschnittstellen das „Rad ständig neu zu erfinden". So stellt das AVM z.B. Klassen zur Verfügung, die es erlauben, hierarchische Browser in die Benutzungsschnittstelle zu integrieren.

Allerdings bietet gerade die „GUI-Entwicklung" (d.h. die Implementierung der benötigten GUI-Komponenten für die einzelnen „managed objects") noch vielfältige Verbesserungsmöglichkeiten. Ziel wäre sicherlich die Möglichkeit, immer wiederkehrende Komponenten aus einer „abstrakten" Objektdefinition mehr oder weniger „automatisch" zu generieren. Sun untersucht derzeit, ob und wie dabei Java-Beans einge-setzt werden können. Sicherlich ein Schritt in die richtige Richtung, wo-bei allerdings im Augenblick noch nicht abzusehen ist, welche Technologie sich in diesem Bereich als wirklich vorteilhaft herausstellen wird.

JDK 1.2 Mit Erscheinen des „Java Development Kits" (JDK) 1.2 werden zudem mehrere AVM-Klassen in die „Java Foundation Classes" (JFC) portiert, die Teil des JDK 1.2 sein werden., Diese Klassen werden dann nicht mehr spezieller Teil von JMAPI sondern grundlegender Bestandteil des JDK sein. Das AVM wird dann nur noch diejenige Klassen bereitstellen, die für die Realisierung JMAPI-„typischer" GUI-Komponenten (wie z.B. „Content Manager" oder „Property Books") benötigt werden.

8.2.1.2 Die „Common Access Layer" (CAL)

Um die Applikation unabhängig von der darunterliegenden Managementar-chitektur zu machen, wurde im Rahmen dieser Arbeit zwischen Applika-tions- und Managerschicht eine weitere Abstraktionsebene eingefügt - die „Common Access Layer" (CAL).

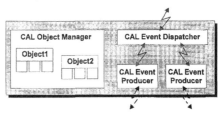

Abbildung 8.2–2 Die "Common Access Layer" (CAL)

Aufgabe der CAL ist es, der Applikation eine einheitliche Schnittstelle auf die Managementinformation anzubieten, und die konkreten „Management-architekturen", die letztendlich für die Bereitstellung der Daten verantwort-lich sind, für die Applikation transparent zu machen.

Um dies zu erreichen, muß die CAL im Einzelnen folgende Möglichkeiten bieten:

♦ **Einheitliche Objektmodellierung**

Für jedes benötigte „managed object" muß die CAL eine spezielle CAL-Repräsentation bereitstellen, mit der die Applikation arbeiten kann, und mit deren Hilfe sie z.B. Datenwerte für das betreffende „managed ob-ject" anfordern kann.

Aufgabe der CAL ist es, diese CAL-Repräsentation auf die jeweiligen Implementierungen der konkreten „Datenquellen" abzubilden; diese Aufgabe übernimmt der CAL „Object Manager". Diese „Abbildung" ist um so komplizierter und umfangreicher, je mehr sich die Objektmodel-lierung, die die CAL und damit die Applikation verwendet, von der Ob-jektmodellierung der konkreten Managementarchitektur unterscheidet.

♦ Einheitliches „Event Management"

Um ein einheitliches „Event Management" zu gewährleisten, muß die CAL desweiteren ein eigenes „Event Handling" beinhalten, das systemspezifische Ereignisse aufnehmen, verarbeiten und in einheitlicher Form weitergeben kann.

Konkret bedeutet dies, daß die CAL z.B. sämtliche „Events" von JMAPI oder WBEM erhält, diese in CAL-„Events" umwandelt und die so bearbeiteten „Events" an die betreffenden „Event Consumer" weiterleitet. Die CAL verfügt dazu über einen eigenen „Event Dispatcher", der für die Weiterleitung der CAL-„Events" verantwortlich ist. Beliefert wird dieser CAL „Event Dispatcher" von mehreren CAL „Event Producern"; jeder „Event Producer" ist dabei für die Umwandlung von „Events" aus einer bestimmten „Datenquelle" verantwortlich.

Abbildung 8.2-2 zeigt die CAL und ihre zentralen Komponenten.

8.2.2 Die Modellierung der „Monitoring Architecture"

Objektorientierung

Nicht zuletzt um den Einsatz einer objektorientierten Sprache wie Java zu ermöglichen, war eine objektorientierte Modellierung der wesentlichen Komponenten der „Monitoring Architecture" von Nöten.

Die dabei entstandene Modellierung kann natürlich in einer beliebigen objektorientierten Sprache implementiert werden (im Rahmen dieser Arbeit wurde aber wie schon angesprochen Java verwendet). Sie zeichnet sich durch folgende Punkte aus:

♦ Objektorientierte Sicht auf alle wesentlichen Komponenten der „Monitoring Architecture"

♦ Strukturierten Zugriff auf alle relevanten Informationen

♦ Verbessertes Verständnis der Möglichkeiten und der Architektur der „Monitoring Architecture"

CIM

Desweiteren kann die erstellte Modellierung als Basis für eine später vorzunehmende Konvertierung zum CIM-Standard dienen.

8.2.3 Die Anbindung an die „Monitoring Architecture"

Auf der Ebene der Agentenschicht findet die direkte Anbindung an die „Monitoring Architecture" statt. Sowohl WBEM als auch JMAPI schränken auf dieser (untersten) Schicht in keiner Weise ein, wie und mit welchen Kommunikationsmechanismen oder -protokollen ein Agent mit einem konkreten „Gerät" bzw. der gewünschten Datenquelle kommuniziert, um die von ihm angeforderten Managementinformation zu beschaffen.

Für die Anbindung an die „Monitoring Architecture" ergaben sich damit grundsätzlich mindestens zwei Möglichkeiten:

♦ Der Agent und die zu „managende" R/3-Instanz befinden sich auf demselben Rechner. Der Agent kommuniziert lokal nur mit dieser einen R/3-Instanz.

♦ Der Agent befindet sich auf einem anderen Rechner wie die zu „managende" R/3-Instanz. Die Kommunikation erfolgt über ein dazwischengeschaltetes Netzwerk. Der Agent kann in diesem Fall potentiell auch mit mehreren R/3-Instanzen kommunizieren und im Extremfall alle verfügbaren R/3-Instanzen eines ganzen R/3-Systems überwachen und verwalten.

Denkbar wären natürlich auch beliebige Kombinationen beider Möglichkeiten (vgl. Abbildung 8.2-3).

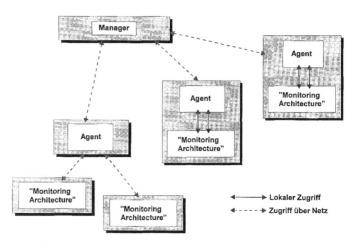

Abbildung 8.2–3 Die Anbindung an die "Monitoring Architecture"

Innerhalb dieser Arbeit wurde die Anbindung an die „Monitoring Architecture" über eine „C-Library" realisiert. Diese Schnittstelle erlaubt einen schreibenden und lesenden Zugriff auf alle relevanten Daten.

„Shared Memory"

Bei dieser Lösung befindet sich der Agent auf dem gleichen Rechner wie das zu verwaltende (Monitor-) Segment (vgl. Kapitel 7.3) bzw. die zu verwaltende R/3-Instanz. Die „C-Library" greift auf die gewünschten Daten über den „shared memory" Bereich des Segments zu.

„Java Native Interface"

Die vorgegebene „C-Library" `alxxapir.dll` ist nicht objektorientiert. Damit die implementierten Java-Klassen dennoch auf dieses Daten zugreifen können, wurde das „Java Native Interface" (JNI) ([JNI97]) verwendet, die eine direkte Benutzung der „C-Library" aus dem Java-Code ermöglichten (damit geht dann aber natürlich die Plattformunabhängigkeit des Java-Codes verloren; ein „Nachteil" der bei der Verwendung von „native code" unumgänglich ist. Da aber für alle Plattformen, auf denen das R/3-System verfügbar ist, die entsprechenden „C-Libraries" vorhanden sind, ist dieser „Nachteil" zu verschmerzen).

Weil bei der Benutzung der JNI aber bestimmte Namenskonventionen beachtet werden müssen (z.B. muß der Name einer C-Funktion den kompletten Namen der Klasse enthalten, deren Methode mittels dieser C-Funktion implementiert wird) mußte die „C-Library" durch eine weitere im Rahmen dieser Arbeit in C implementierte Schicht gekapselt werden (diese Schicht wurde in der „Library" monitor.dll realisiert), die dann u.a. die entsprechenden Namenskonvertierungen vornimmt. Abbildung 8.2-4 soll dies verdeutlichen.

Abbildung 8.2–4 Die Anbindung an die "Monitoring Architecture"
über den "shared memory" Bereich

Mit Hilfe dieser Java-Klassen können dann Agenten sowohl für WBEM als auch für JMAPI implementiert werden, ohne daß die eigentliche „C-Library" sichtbar wird.

9 Die Implementierung

Nachdem im letzten Kapitel auf grundsätzliche Aspekte des implementierten Frameworks eingegangen wurde, sollen in diesem Kapitel nun einige Implementierungsdetails ausführlicher dargestellt werden, um beispielhaft angewendete Lösungswege oder aufgetretene Probleme aufzuzeigen.

9.1 Die verwendete Entwicklungsumgebung

Programmiersprachen Wie bereits erwähnt, wurde das Framework fast ausschließlich in Java implementiert. Als Entwicklungsumgebung fand hierbei „Café" von Symantec auf Basis des „Java Development Kits" (JDK) 1.1.3 Verwendung. „Café" präsentierte sich im großen und ganzen als durchaus produktives und durchdachtes (Entwicklungs-) System. Speziell bei der Implementierung der JMAPI-Lösung zeigten sich aber auch hier einige Mängel und Verbesserungsmöglichkeiten, auf die aber später eingegangen werden soll.

Lediglich die JNI-Schnittstelle zur Anbindung an die „Monitoring Architecture" wurde in C implementiert. Entwicklungsumgebung war in diesem Fall „Visual C++ 97" von Microsoft.

Hardware Entwickelt wurde auf einem Pentium-Rechner, der unter WindowsNT 4.0 betrieben wurde. Desweiteren konnte praktisch die komplette SAP-Infrastruktur genutzt werden. Ein Umstand, der sich mehr als einmal aufs Beste bewährte.

9.2 Implementierte Funktionalität

Mit Beendigung dieser Arbeit verfügt das Framework über folgende Funktionalität:

♦ **Mehrere integrierte „Managementlösungen"**

Dank der „Common Acces Layer" (CAL) konnten GUI-Komponenten entwickelt werden, die unabhängig von der konkreten „Datenquelle" sind. Dadurch ist das Framework potentiell für beliebige Managementarchitekturen offen.

„Demo-Task" Neben der JMAPI-Lösung wurde ein „Demo-Task" implementiert, in dem die Daten „hartcodiert" bereitgestellt werden. Dieser „Demo-Task" erwies sich vor allem in der Testphase als sehr nützlich, da die JMAPI-Lösung zu Beginn der Arbeit sehr instabil war. Aber auch zu Demonstrationszwecken ist er bestens geeignet, da er keinerlei „Overhead" in Form eines Datenbanksystems benötigt (wie das bei der JMAPI-Lösung der Fall ist).

„JMAPI" Die JMAPI-Lösung selbst beinhaltet alle wesentlichen Punkte eines funktionsfähigen JMAPI-Systems, wie z.B. eine Realisierung des „Event Management", der Definition eigener „managed objects" oder der konkreten Anbindung an ein relationales Datenbanksystem.

♦ **Benutzerverwaltung**

Das Framework beinhaltet eine Benutzerverwaltung, die beispielhaft Sinn und Zweck eines solchen Mechanismus im Bereich des web-basierten Management demonstriert.

Neben der Möglichkeit Benutzer anzulegen oder zu löschen, gibt es verschiedene Benutzerprofile, die festlegen, welche Aktionen von einem Benutzer ausgeführt werden dürfen.

♦ **Komfortable GUI-Komponenten**

Das Framework verfügt über eine Vielzahl von GUI-Komponenten, mit deren Hilfe ansprechende und intuitiv zu bedienende Benutzungsschnitt-stellen für Managementapplikationen erstellt werden können.

Diese GUI-Komponenten entsprechen wie schon erwähnt in weiten Teilen dem JMAPI „Look and Feel". Das entsprechende Java-Package ist zudem ohne weiteres erweiterbar, so daß auch zukünftige Änderun-gen möglich sind.

♦ **„Monitoring Architecture"**

Lesender Zugriff

Das Framework ermöglicht einen lesenden Zugriff auf alle relevanten Daten der „Monitoring Architecture". Auf Grund der objektorientierten Modellierung konnte dieser Zugriff strukturiert und leicht verständlich implementiert werden.

Zudem ist das betreffende Java-Package unabhängig von bestimmten Managementarchitekturen, und kann daher universell eingesetzt werden. Auch eine Erweiterung zum CIM-Standard ist denkbar.

Das innerhalb dieser Arbeit nur der lesende Zugriff realisiert wurde, lag im Wesentlichen an der Verfügbarkeit der benötigten „C-Library", die anfangs selbst nur den lesenden Zugriff ermöglichte.

Sämtliche implementierte Komponenten des Frameworks waren zudem von Anfang an darauf ausgelegt, erweiter- und wiederverwendbar zu sein. Da-durch konnte eine überraschende Flexibilität erreicht werden, die es ermög-licht, weitere Managementarchitekturen als zusätzliche „Datenquellen" einzubinden, ohne dazu grundlegende Änderungen im Framework (-Design) vornehmen zu müssen.

WBEM

Da die benötigte Java API Teil der „Beta Release 2" des WBEM „Software Development Kits" ist, die erst Ende Oktober verfügbar war, konnte im Rahmen dieser Arbeit eine WBEM-Implementierung aus Zeitgründen nicht mehr erfolgen. Das Design des Frameworks erlaubt aber wie schon erwähnt, die Integration weiterer Managementlösungen, so daß eine nachträgliche Einbindung einer WBEM-Lösung ohne grundlegende Änderungen oder Er-weiterungen des Frameworks möglich ist.

9.3 Die GUI-Komponenten des Frameworks

Ein zentraler Teil der praktischen Arbeit bestand in der Implementierung der zahlreichen GUI-Komponenten, mit deren Hilfe die JMAPI-typische Benutzungsschnittstelle realisiert werden konnte.

Java-Package

Diese GUI-Komponenten sind im Java-Package `framework.gui` zusammengefaßt, das weit über 100 Klassen und „Interfaces" beinhaltet. Diese enorme Anzahl läßt sich mit der Tatsache erklären, daß für jedes verwendete „managed object" die betreffenden „Content Manager", „Property Books" oder „Applets" im Rahmen dieser Arbeit implementiert werden mußten. Obwohl das „Admin View Module" (AVM) zwar wie weiter oben schon erwähnt, Basisklassen für eben diese Komponenten zur Verfügung stellt, war dieser Teil der Implementierung mit Sicherheit der langwierigste aber zugleich auch eintönigste. In diesem Bereich bedarf es noch weiterer Entwicklungswerkzeuge, die die „Generierung" der betreffenden GUI-Komponenten wenigstens zum Teil automatisieren.

Im folgenden sollen einige grundlegende Klassen näher beschrieben werden.

9.3.1.1 Die *FrameworkApplet-Klasse*

`FrameworkApplet` stellt diejenige (Basis-) Funktionalität zur Verfügung, über die jedes Applet im implementierten Framework verfügt. Dazu gehört u.a. das Auslesen der Applet-Parameter aus der HTML-Seite, das instantiieren der CAL sowie die Darstellung des entsprechenden Bannerlogos. Desweiteren werden in dieser Klasse die benötigten Benutzerabfragen durchgeführt.

Abgeleitet von `FrameworkApplet` ist z.B. `FrameworkContentManagerApplet`, das `FrameworkContentManager` darstellt, oder aber `FrameworkPropertyBookApplet`, das für die Anzeige eines `Framwork-PropertyBook` in einem Applet zuständig ist.

9.3.1.2 Die *FrameworkContentManager-Klasse*

`FrameworkContentManager` implementiert diejenigen Eigenschaften, die alle „Content Manager" im Framework gemeinsam haben. Im wesentlichen sind dies die verschiedenen „Update-Möglichkeiten", die auch schon im einführenden Kapitel über das JMAPI „Look and Feel" beschrieben wurden, sowie die Anbindung an die CAL, mit deren Hilfe die anzuzeigenden Daten eingelesen werden können.

9.3.1.3 Die *FrameworkPropertyBook-Klasse*

`FrameworkPropertyBook` ist das grundlegende „Property Book". Es ermöglicht u.a. die Verknüpfung zur CAL (die benötigt wird, um die betreffenden Daten, die im „Property Book" dargestellt werden sollen, einzulesen bzw. abzuspeichern) sowie die Bereitstellung der benötigten „Button Panels", die gemäß dem JMAPI „Look and Feel" definiert sind.

Sämtliche im Framework verwendeten „Property Books" sind „Subklassen" von `FrameworkPropertyBook`.

9.3.1.4 Die FrameworkCommand-*Klasse*

FrameworkCommand ist die Basisklasse für sämtliche Command - Klassen. Hinter jeder Menüoption aus einer der drei JMAPI-Menüs verbirgt sich eine solche „Command"-Klasse, die für die Ausführung der gewünschten Aktionen verantwortlich ist.

9.3.1.5 Das MonitorBrowserNode-*Interface*

MonitorBrowserNode ermöglicht die Zuordnung unterschiedlicher „Detailinformation" zu einem in einem „Browser" dargestellten Knoten.

Tabelle 9.3-1 faßt die grundlegenden Klassen aus framework.gui noch einmal zusammen.

Klassenname	Funktionalität
FrameworkApplet	• Einlesen der Applet-Parameter
	• Instantiieren der CAL
	• Benutzerüberprüfung
FrameworkContentManager	• Anbindung an die CAL
	• Ermöglicht benutzergesteuertes, ereignisgesteuertes oder zeitgesteuertes „Update" des dargestellten Inhaltes
FrameworkPropertyBook	• Anbindung an die CAL
	• Bereitstellung der „Button Panels"
FrameworkCommand	• Realisiert grundlegendes Verhalten einer „Command"-Klasse
MonitorBrowserNode	• Ermöglicht Zuordnung von Detailinformation zu jedem Baumknoten

Tabelle 9.3-1 Die grundlegenden Klassen aus framework.gui

9.4 Details zur „Common Access Layer" (CAL)

Aufgabe

Hauptaufgabe der „Common Access Layer" (CAL) ist die Kapselung der konkreten „Datenquellen" bzw. Managementarchitekturen. Implementiert ist die CAL im Java-Package framework.cal.

Komponenten

Wie weiter oben schon erläutert, bedarf es dazu im wesentlichen zweier Komponenten: zum einen den CAL „Object Manager", der den Zugriff auf die „managed objects" regelt, und zum anderen den CAL „Event Dispatcher", der ein konsistentes „Event Management" ermöglicht.

Im folgenden sollen diese beiden Komponenten ein wenig genauer vorgestellt werden.

9.4.1 Der CAL „Object Manager"

Datenkapselung

Der CAL „Object Manager" kapselt die „managed objects" der unterschiedlichen „Datenquellen" und ermöglicht so den GUI-Komponenten eine einheitliche Sicht auf verschiedene Managementarchitekturen (die unter Umständen mit unterschiedlichen Objektmodellen arbeiten).

Im vorliegenden Framework arbeiten sowohl die CAL als auch die verschiedenen „Datenquellen" mit demselben Objektmodel. Daher ist die Abbildung der „systemspezifischen" Objekte in die CAL Objekte im großen und ganzen eine 1:1-Abbildung.

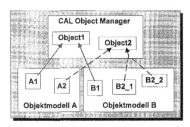

Abbildung 9.4–1 Mögliche Modellabbildungen

Theoretisch wäre es aber auch denkbar, daß die CAL intern verschiedene Objektmodelle „versteht", den GUI-Komponenten aber weiterhin nur eine „Sicht" bzw. nur ein „Objektmodell" präsentiert. In diesem Fall könnte die vorzunehmende Abbildung beliebig komplex ausfallen. Es besteht damit aber ein weiterer Freitheitsgrad in Bezug auf die Integrationsfähigkeit zusätzlicher „Datenquellen". Abbildung 9.4-1 soll dies verdeutlichen.

Hierbei sind zwei Objektmodelle A und B aufgezeigt, die beide zwei Arten von Objekten definieren. Um nun Object1 der CAL zu erhalten, können Objekt A1 von Objektmodell A und Objekt B1 von Objektmodell B 1:1 übernommen werden. Bei Objekt2 ergibt sich ein etwas anderes Bild: Objekt A2 aus Objektmodell A kann wieder 1:1 übernommen werden; um jedoch aus den Objekten des Objektmodells B das gewünschte Objekt2 zu erhalten, müssen die Objekte B2_1 und B2_2 innerhalb der CAL vereinigt werden.

Nach diesem Prinzip kann die erforderliche Abbildung innerhalb der CAL beliebig komplex werden; entscheidend ist hierbei, wie sehr sich die Objektmodelle der einzelnen „Datenquellen" und das der CAL unterscheiden.

9.4.2 Der CAL „Event Dispatcher"

Bei der Realisierung des CAL „Event Dispatchers" standen folgende Gesichtspunkte im Vordergrund:

♦ Die GUI-Komponenten sollten nur einen „Typ" von „Event" erhalten. Dadurch konnte das „Event Handling" auf Seiten der GUI-Komponenten einfach und konsistent implementiert werden.

Der „Typ" eines „Events" wird durch die „Datenquelle" bestimmt, aus der der betreffende „Event" entstanden ist. Zu unterscheiden wären demnach also z.B. ein „JMAPI-Event" oder ein „WBEM-Event". Um obige Forderung zu erfüllen, werden sämtliche „Event"-Typen in CAL- „Events" umgewandelt.

♦ Jede GUI-Komponente sollte nur diejenigen „Events" erhalten, für die sie sich zuvor registriert hatte. Zusätzlich zur Registrierung sollte auch die Definition von speziellen „Event"-Filtern und „Event"-Aktionen möglich sein.

♦ Getreu dem JMAPI „Look and Feel" sollte es möglich sein, für jede GUI-Komponente die gewünschte Ereignisregistrierung dialoggestützt durchzuführen.

Abbildung 9.4-2 zeigt die Komponenten und die Struktur des CAL-„Event Dispatchers" in der Übersicht.

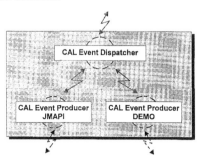

Abbildung 9.4–2 Der CAL "Event Dispatcher"

CAL „Event Producer" Für jede „Datenquelle" existiert ein spezieller CAL „Event Producer", der die betreffenden „Events" in CAL „Events" konvertiert. Dazu wartet der „Event Producer" in einem eigenen „Thread" permanent auf eventuell auftretende „Events" der entsprechenden „Datenquelle", um diese dann in CAL „Events" umzuwandeln.

CAL „Event Dispatcher" Der CAL „Event Dispatcher" wiederum arbeitet ebenfalls in einem eigenen „Thread" alle CAL „Events" ab, die er von den ihm bekannten „Event Producern" erhält. Der „Event Dispatcher" überprüft dazu, ob es für das betreffende „Event" registrierte GUI-Komponenten gibt. Ist dies der Fall wird der vordefinierte „Event Filter" überprüft. Ist auch dieses Ergebnis positiv, wird die gewünschte Aktion in der GUI-Komponente angestoßen.

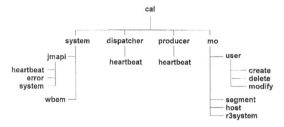

Abbildung 9.4–3 Der CAL "Event Tree"

Registrierung Um eine elegante Möglichkeit anzubieten, sich für bestimmte „Events" beim CAL „Event Dispatcher" registrieren zu lassen, beinhaltet das „Event Management" der CAL ein dem JMAPI „Event Management" ähnliches Verfahren.

Ebenso wie dort definiert auch die CAL einen speziellen „Event Tree", für deren einzelne Teilbäume sich eine GUI-Komponente registrieren kann. Tritt ein „Event" aus diesem Teilbaum auf, wird das betreffende „Event" an die GUI-Komponente weitergeleitet. Abbildung 9.4-3 zeigt den CAL „Event Tree".

Beispiel 9.4-1 verdeutlicht, wie Registrierung und Deregistrierung im Java-Code durchgeführt werden kann.

```
1.   EventDispatcher eventDispatcher;
2.
3.   // Register for branch „cal.mo.user"
4.   eventDispatcher.registerConsumer („This is the consumer ID",
5.                                      „cal.mo.user",
6.                                      new CALEventTrueFilter(),
7.                                      new CALEventDefAction());
8.
9.   // Do some work ...
10.
11.  // Unregister this consumer for this branch
12.  eventDispatcher.unregisterConsumer („This is the consumer ID",
13.                                       „cal.mo.user");
```

Beispiel 9.4-1: Registrieren und Deregistrieren einer GUI-Komponente

Beim Registrieren ist neben einer ConsumerID, der Name des gewünschten Teilbaumes zu wählen (dieselbe ConsumerID kann für mehrere Teilbäume verwendet werden). Darüberhinaus muß der „Event-Filter" und die „Event-Action" spezifiziert werden.

```
1.   <HTML>
2.     <HEAD>
3.       <title>Alert Monitor</title>
4.     </HEAD>
5.
6.   <BODY Background="../../images/bkgrd001.gif">
7.     <applet code="framework.gui.AlertMonitorApplet.class"
8.             archive="framework.jar"
9.             codebase="http://p23628/Jmapi/classes"
10.            width=572
11.            height=600>
12.
13.    <param name=host value="p23628">
14.    <param name=moPort value="6666">
15.    <param name=eventPort value="6667">
16.
17.    <param name=domainName value="SAP-Framework">
18.    <param name=system value="JMAPI">
19.    </applet>
20.  </BODY>
21. </HTML>
```

Beispiel 9.4-2: Eine HTML Datei mit den benötigten Appletparametern

Mit Hilfe des „Event Filters" kann ein „Event Consumer" (d.h. im Normalfall eine GUI-Komponente) weitere Einschränkungen an die gewünschten Events definieren. CALEventTrueFilter ist der CAL Standardfilter, der immer „True" zurückliefert (und damit kein „Event" ausfiltert).

Die „Event Action" definiert die gewünschten Aktionen, die beim Auftreten dieses „Events" ausgeführt werden sollen. CALEventDefAction ist die CAL Standardaktion, die lediglich die Inhalte des „Events" ausgibt.

Damit die GUI-Komponente die CAL entsprechend instantiieren kann, wird die gewünschte „Datenquelle" über einen SYSTEM Applet-Parameter in der HTML-Datei spezifiziert (vgl. Beispiel 9.4-2).

Nachdem die implementierten GUI-Komponenten und die darin „verborgene" CAL erläutert wurde, soll nun auf die Implementierungen eingegangen werden, die im Zusammenhang mit der „Monitoring Architecture" von Nöten waren.

9.5 Die Verwendung der „Monitoring Architecture"

9.5.1 Die Anbindung an die „Monitoring Architecture"

Das Java-Package framework.monitor beinhaltet sämtliche Klassen und „Interfaces" die benötigt werden, um auf die Daten der „Monitoring Architecture" zugreifen zu können.

Im folgenden soll anhand einiger Beispiele demonstriert werden, wie mit Hilfe der implementierten Java-Klassen auf Daten der „Monitoring Architecture" zugegriffen werden kann.

Anmerkung: Die folgenden Programmfragmente sind in dieser Form nicht lauffähig. Sie sollen vielmehr beispielhaft die Verwendung der einzelnen Java-Klassen aufzeigen.

```
1.   MonitorSegment msGlobal = new MonitorSegment();
2.   SAPSession newSession;
3.
4.   // Load the native library
5.   System.loadLibrary ("Monitor");
6.
7.   // Open the global segment
8.   session = msGlobal.connectTo (MonitorSegment.AL_INIT_CON_WRITE,
9.                                 "SAP_CCMS", "NEW_CCMS");
10.
11.  if (session == null)
12.     System.out.println ("ERROR: Can not open the global segment!");
13.  else {
14.     // Do some work ...
15.  }
```

Beispiel 9.5-1: Öffnen eines globalen Monitorsegmentes

```
1.  // Read segment information
2.  if (msGlobal.readSegmentInfo() != 0)
3.      System.out.println ("ERROR: Can not read the segment info!");
4.  else
5.      // Do some work
```

Beispiel 9.5-2: Lesen aller verfügbarer Segmentinformation

```
1.  // Get all monitor contexts
2.  MonitorContext[] allMCs = msGlobal.getAllMCs ();
3.
4.  if (allMCs == null)
5.      System.out.println ("ERROR: Can not get the monitor contexts!");
6.  else {
7.
8.      TreeNode[] treeNodes;
9.
10.     // For each context: Get list of tree nodes
11.     for (int i=0; i<allMCs.length; i++) {
12.         treeNodes = allMCs[i].getTreeNodes(new SAPSession());
13.
14.         if (treeNodes == null)
15.             System.out.println ("ERROR: Can not get the list of tree
nodes!");
16.         else {
17.             // Do some work with these tree nodes
18.         }
19.     }
20. }
```

Beispiel 9.5-3: Lesen des Monitorbaumes eines Segments

```
1.  // Get all alerts
2.  Alert[] allAlerts = msGlobal.getAllAlerts ();
3.
4.  if (allAlerts == null)
5.      System.out.println ("ERROR: Can not get the list of alerts!");
6.  else {
7.      // Do some work with these alerts
8.  }
```

Beispiel 9.5-4: Lesen aller „Alerts" eines Segments

```
1.  // Close the global segment
2.  msGlobal.close ();
```

Beispiel 9.5-5: Schließen eines globalen Monitorsegmentes

9.5.2 Die verfügbare Funktionalität

Lesender Zugriff

Im Rahmen dieser Arbeit wurde wie weiter oben bereits erwähnt, durch das Java-Package framework.monitor der lesende Zugriff auf alle relevanten Informationen, die durch die „Monitoring Architecture" bereitgestellt werden, implementiert.

Desweiteren bietet das Framework folgende Möglichkeiten, diese Informationen weiterzuverarbeiten:

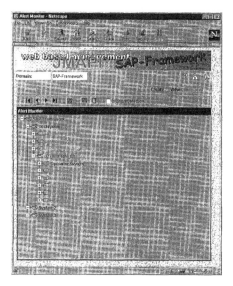

Abbildung 9.5–1 Der "Alert Monitor"

♦ „Alert Monitor"

Mittels dem „Alert Monitor" kann sich der Benutzer den kompletten (Management-) Baum (den sogenannten Grundmonitor) anzeigen lassen, und durch Ein- bzw. Ausblenden einzelner Teilbäume, die gewünschte „Baumtiefe" einstellen. Der „Alert Monitor" erlaubt zudem durch Auswahl beliebiger Teilbäume die Definition benutzerdefinierter und problemspezifischer Monitore, die dann neben dem Grundmonitor verwendet werden können. Abbildung 9.5-1 zeigt den „Alert Monitor", während der Auswahl einzelner Teilbäume.

Darüberhinaus kann sich der Benutzer zu jedem Baumknoten die betreffende Detailansicht und die zu diesem Knoten gehörenden „Alerts" anzeigen lassen.

Der „Alert Monitor" entspricht in seiner Grundfunktionalität damit im Wesentlichen der R/3-Transaktion „rz20", deren grafische Aufbereitung in Abbildung 9.5-2 dargestellt ist.

♦ Detailansicht und „Alerts" zu einem Knoten

Detailansicht

Zu jedem verfügbaren Knoten eines Monitors kann sich der Benutzer Detailinformation anzeigen lassen. Diese Detailansicht wird über bestimmte „Property Books" realisiert, die im Rahmen dieser Arbeit implementiert wurden, und jeweils die zu dem Knoten gehörenden Eigenschaften bzw. Attribute anzeigt. Abbildung 9.5-3 zeigt beispielhaft das „Property Book" eines Performance-Attributes.

Neben den Details eines Monitorknotens, kann sich der Benutzer zudem die zu diesem Knoten verfügbaren „Alerts" anzeigen lassen. Diese „Alerts" werden in einem speziellen „Content Manager" angezeigt (Abbildung 9.5-4).

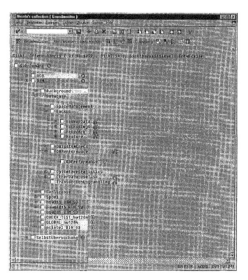

Abbildung 9.5–2 Der "Alert Monitor" im R/3-System

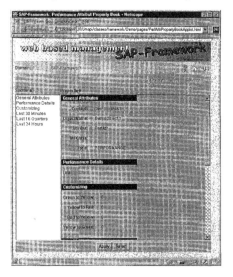

Abbildung 9.5–3 Das "Property Book" für ein Performance-Attribut

Abbildung 9.5–4 Die "Alerts" zu einem Baumknoten

9.6 Die JMAPI - Implementierung

Neben dem „Demo-Task" wurde mit der JMAPI-Implementierung im Rahmen dieser Arbeit eine weitere mögliche „Datenquelle" innerhalb des Frameworks realisiert.

Nachdem in Kapitel 5 schon ausführlich auf den theoretischen „Background" von JMAPI eingegangen wurde, sollen im folgenden Abschnitt zum einen die Probleme und Schwierigkeiten aufgezeigt werden, die bei der praktischen Arbeit mit JMAPI entstanden sind. Zum anderen werden aber natürlich auch die gefundenen Lösungsansätze besprochen.

9.6.1 Installation des JMAPI-Systems

Zu Beginn dieser Arbeit bestand das „Installationswerkzeug" für das JMAPI-System aus einem einzigen *.zip-File, das sämtliche benötigten Dateien enthielt. Alle systemspezifischen Einstellungen mußten „von Hand" in einer (Text-) Datei definiert werden (die vergleichbar einer *.ini Datei die Konfiguration des Systems erlaubte). In dieser Datei mußten ca. 30 Systemparameter eingestellt werden, die zudem (praktisch) nicht (!) kommentiert waren.

Mittlerweile verfügt auch JMAPI (zumindest in der WindowsNT-Version) über benutzerfreundliche Installationshilfen, die aber immer noch (vor allem im Umgang mit einem Datenbanksystem) größere Mängel aufweisen.

9.6.2 Die Anbindung an die Datenbank

Wie u.a. in Kapitel 5 besprochen, benötigt ein lauffähiges JMAPI-System ein relationales Datenbanksystem, in das der „Managed Object Server" (MOS) die von ihm verwalteten „managed objects" persistent abspeichern kann.

Für die Verbindung zwischen MOS und Datenbank stellt JMAPI in der augenblicklichen Version je nach verfügbarem Datenbanksystem unterschiedliche Zugriffsarten zur Verfügung (z.B. „Native SQL" oder „Java Database Connectivity" (JDBC)).

Im Rahmen dieser Arbeit wurden mehrere Datenbanksysteme (Oracel7, Oracle8, Sybase11 und MSSQL Server 6.5) installiert und getestet. Allerdings ergaben sich (fast) durchweg größere Probleme, das betreffende Datenbanksystem für JMAPI zu konfigurieren. Das lag nicht zuletzt an der Tatsache, daß die betreffenden „Installationsroutinen", die JMAPI bereitstellt, gerade die Konfiguration eines Datenbanksystem nur mangelhaft unterstützten. Das hatte zur Folge, daß sich das JMAPI-System in dieser Hinsicht (allzu) oft als „Black Box" präsentierte, das keinerlei vernünftige Rückmeldungen produziert. Die Fehlersuche beschränkte sich daher fast immer auf sehr langwieriges und demotivierendes „Trial and Error".

In diesem Punkt müssen in zukünftigen Versionen von JMAPI mit Sicherheit noch erhebliche Verbesserungen erreicht werden, um eine flächendeckende Akzeptanz zu erreichen. Nach Auskunft von Sun wird aber speziell an den Installations- und Konfigurationswerkzeugen verstärkt gearbeitet, so daß in diesem Bereich durchaus mit echten Fortschritten zu rechnen ist.

Letztendlich wurde in dieser Arbeit der MSSQL Server 6.5 von Microsoft verwendet, wobei die Kommunikation mit dem MOS mit Hilfe von JDBC realisiert wurde. Diese Kommunikation ist aber für den Entwickler völlig transparent und wird vollständig durch den MOS erledigt, ohne daß der Entwickler tätig werden muß (vgl. hierzu auch Abschnitt 9.6.3.2)

9.6.3 Der typische Entwicklungsprozeß

Bei der praktischen Arbeit mit JMAPI ergaben sich mehrere „typische" (und immer wiederkehrende) Entwicklungsschritte:

1. Modellierung und Definition eines „managed object"

2. Generierung der entsprechenden Java-Klassen

3. Implementierung der Agenten

4. Implementierung der GUI-Komponenten

Die Modellierung und Definition eines „managed object" ist dabei Aufgabe des Entwicklers. Ausgehend von der Definition des „managed objects" werden dann die benötigten Java-Klassen mit Hilfe spezieller JMAPI-Werkzeuge (größtenteils) automatisch generiert. Der Entwickler muß allerdings die benötigten Agenten und GUI-Komponenten selbst implementieren.

Im folgenden soll jeder der vier Schritte eingehender betrachtet werden.

9.6.3.1 Modellierung und Definition eines „managed objects"

„Base Objects"

Das JMAPI-System stellt mit den „Base Objects" eine Reihe von grundlegenden „managed objects" zur Verfügung, mit deren Hilfe man etliche Komponente einer realen Systemlandschaft modellieren kann. Reichen diese „Basisklassen" allerdings nicht aus, muß der Entwickler aufbauend auf diesen „Base Objects" eigene „managed objects" modellieren und definieren.

Konkrete Modellierung

Im Rahmen dieser Arbeit wurden folgende „managed objects" modelliert, die alle von ManagedObject abgeleitet wurden.

♦ **R3SystemMO**

R3SystemMO beschreibt ein zu verwaltendes R/3-System. Im wesentlichen wird ein solches R/3-System im Rahmen dieser Arbeit durch eine Liste von Rechnern beschrieben, auf denen sich potentiell R/3-Instanzen und damit (Monitor-) Segmente befinden können. Während die Liste der Rechner vom Benutzer vorgegeben werden muß, findet das Framework selbständig die auf diesen Rechnern verfügbaren (Monitor-) Segmente. Jeder dieser Rechner wird durch ein HostMO Objekt modelliert.

♦ **HostMO**

HostMO modelliert einen einzelnen Rechner, der u.a. durch seinen Namen und seine IP-Adresse spezifiziert wird. Desweiteren speichert dieses Objekt eine Liste aller auf diesem Rechner verfügbaren (Monitor-) Segmente, die der dazugehörige Agent auf Wunsch ermittelt. Modelliert werden die einzelnen Segmente über SegmentMO Objekte.

♦ **SegmentMO**

SegmentMO beschreibt ein einzelnes (Monitor-) Segment. Der dazugehörige Agent greift wie weiter oben erläutert auf die Daten der „Monitoring Architecture" zu. Befinden sich auf einem Rechner mehrere Segmente, wird jedes Segment durch einen eigenen Agenten „verwaltet".

Beim Entwurf des SegmentMO stellte sich die Frage, für welche „Komponenten" der „Monitoring Architecture" ein Agent bereitgestellt werden sollte. Theoretisch wäre es auch möglich gewesen, jedem Monitorkontext oder gar jedem Monitorknoten einen Agenten zuzuordnen. Daß letztendlich „nur" jedem Segment ein eigener Agent zugeordnet wurde, lag zum einen daran, daß dadurch die Zahl der Agenten klein gehalten werden konnte (und damit Erleichternisse beim Betrieb und der Wartung dieser Agenten zu Erwarten sind). Zum anderen kann durch solch einen Segment-Agenten die Netzbelastung klein gehalten werden, da nur sehr wenige Agenten ihre Daten über das Netzwerk schicken.

♦ **UserMO**

UserMO modelliert einen Benutzer des Frameworks., der u.a. über sein Login, sein Paßwort und seinen vollen Namen spezifiziert wird. Desweiteren bestimmt UserMO das gewünschte Benutzerprofil.

„Managed objects" werden in einem speziellen MO-Format beschrieben, das im wesentlichen Java-Code entspricht. Zusätzlich zur herkömmlichen Syntax enthält dieses Format allerdings einige spezielle „Kommandos", mit deren Hilfe z.B. definiert werden kann, welche der angegebenen Attribute persistent in der Datenbank gespeichert werden sollen, und welche nicht.

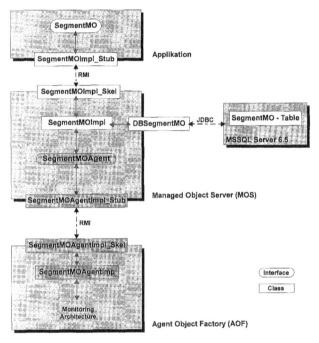

Abbildung 9.6–1 Zusammenspiel der einzelnen Klassen und "Interfaces"

9.6.3.2 Generierung der entsprechenden Java-Klassen

Ausgehend von einer erstellten *.mo Datei können mit Hilfe eines speziellen JMAPI-Werkzeuges (dem sogenannten „MOCO-Compiler") verschiedene Java-Klassen generiert werden, die vor allem in der Managerschicht benötigt werden. Im Einzelnen werden folgende Java-Klassen erzeugt:

♦ Das „Interface", das die Funktionalität des „managed object" beschreibt, sowie dessen Implementierung. Über das „Interface" kann die (Management-) Applikation (im Falles des Frameworks eine GUI-Komponenten bzw. die darin integrierte Instanz der „Common Access Layer") auf die einzelnen Funktionen des „managed object" zugreifen, die dann von der konkreten Implementierung bereitgestellt werden.

♦ Die Java-Klasse, die den konkreten Zugriff auf das Datenbanksystem verbirgt.

♦ Die RMI „Stub"- und „Skeleton"-Klassen, die die Kommunikation zwischen Applikation und Manager ermöglichen. Die „Stub"-Klasse dient hierbei als Client-seitige Schnittstelle, die „Skeleton"-Klasse als Server-seitiges Gegenstück. Beide zusammen verbergen die konkrete Kommunikation über ein Netzwerk vollständig.

Zusätzlich zur Generierung dieser Klassen und „Interfaces" wird in dem Datenbanksystem eine dem „managed object" entsprechende Tabelle angelegt, in der dann die persistenten Attribute des „managed object" abgespeichert werden können. Dies alles geschieht im Normalfall „automatisch" und ohne Zutun des Entwicklers. Die Arbeit steckt also in der zu erstellenden *.mo Datei, die alle Information enthält, die der MOCO-Compiler benötigt, um die entsprechenden Klassen zu erzeugen.

Abbildung 9.6-1 verdeutlicht das Zusammenspiel der vorgestellten Komponenten. Die weiß unterlegten Komponenten werden dabei mit Hilfe des MOCO-Compilers aus der *.mo Datei generiert. Die grau unterlegten Komponenten ermöglichen den Zugriff auf den Objektagenten (der im nächsten Abschnitt vorgestellt wird), wobei die benötigten „Stub-" und „Skeleton-" Klassen, die für die RMI-Verbindung zwischen MOS und „Agent Object Factory" (AOF) benötigt werden, mit Hilfe des RMIC-Compilers erzeugt werden.

Entwicklungsumgebung Gerade die Verwendung des MOCO-Compilers, der nur in einem DOS-Fenster gestartet werden kann, machte es nötig, während der Entwicklung der „managed objects" ständig zwischen der eingesetzten Entwicklungsumgebung „Café" und dem entsprechenden DOS-Fenster hin- und herzuwechseln. Da auch bei der Generierung der RMI-Klassen der Agenten ein „externes" Werkzeug eingesetzt werden mußte (der RMIC-Compiler), war ein sinnvolles Projektmanagement nur mit Hilfe von „Café" im Prinzip nicht möglich.

An dieser Stelle wäre es sicherlich zu begrüßen, wenn solch „externe" Werkzeuge in eine Entwicklungsumgebung wie „Café" integriert werden könnten. Dadurch wäre dann eine bessere Verwaltung der vielen Dateien und Klassen möglich, die bei der Arbeit mit „managed objects" entstehen.

9.6.3.3 Implementierung der Agenten

„Dynamische" Daten Sobald „dynamische" Daten von einem „managed object" benötigt werden, muß für diese Zwecke ein entsprechender Agent implementiert werden, der diese Daten dann beim zu „managenden" „Gerät" anfordert.

„Geräte"-Begriff Anmerkung: In diesem Zusammenhang ist der Begriff des „Gerätes" sehr allgemein zu sehen. Unter einem „Gerät" kann hierbei zum einen ein echtes „Gerät" wie ein Drucker, eine Festplatte oder ein gesamter Rechner verstanden werden. Zum anderen kann ein „Gerät" aber auch nur „virtuell" vorhanden sein - im Rahmen dieser Arbeit z.B. wurde die „Monitoring Architecture" als solch ein „virtuelles Gerät" betrachtet, auf das dann über die entsprechenden Agenten zugegriffen werden kann.

Unter den in dieser Arbeit modellierten „managed objects" benötigen genau zwei davon „dynamische" Daten. Zum einen das HostMO Objekt, da sich die Menge der verfügbaren (Monitor-) Segmente auf einem Rechner über die Zeit verändern kann (so wird z.B. ein neues Segment dazugefügt, wenn eine neue R/3-Instanz auf diesem Rechner gestartet wird). Zum anderen muß auch das SegmentMO Objekt über eine Möglichkeit verfügen, „dynamische" bzw. „aktuelle" Daten zu beschaffen (nämlich immer dann, wenn z.B. der „Alert Monitor" aktualisiert werden soll).

Starten des HostMOAgent

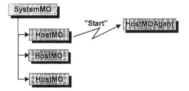

HostMOAgent sucht nach vorhandenen Segmenten und startet die entsprechenden Agenten

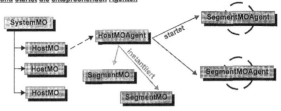

Betriebsbereiter Zustand für das eben "gestartete" HostMO

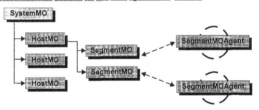

Abbildung 9.6–2 Der schematische Ablauf des System-Setup

Demzufolge wurden zwei Agenten implementiert:

♦ **HostMOAgent**

Der HostMOAgent ermittelt, ob und wieviel (Monitor-) Segmente auf einem Rechner verfügbar sind. Für jedes Segment legt der HostMO-Agent eine Instanz des SegmentMO Objektes an. Der HostMOAgent ist nur so lange aktiv, solange das dazugehörige HostMO Objekt instantiiert ist.

♦ **SegmentMOAgent**

Der SegmentMOAgent bearbeitet genau ein (Monitor-) Segment. Zentrale Aufgaben dieses Agenten sind u.a. der Verbindungsauf- und abbau zu einem Segment sowie die konkrete Beschaffung der gewünschten Daten aus der „Monitoring Architecture". Der SegmentMOAgent benutzt dazu die in Kapitel 9.5 vorgestellten Java-Klassen und Mechanismen.

Ein `SegmentMOAgent` ist solange aktiv, bis er explizit gestoppt wird; er ist nicht an die Existenz der Instanz gebunden, von der er „gestartet" wurde.

System-Setup Das implementierte Framework bietet die Möglichkeit den benötigten System-Setup grafisch unterstützt durchzuführen. Neben der Definition von einzelnen Systemen können dabei die betreffenden `SegmentMOAgents` gestartet und gestoppt werden. Abbildung 9.6-2 verdeutlicht das Zusammenspiel der Agenten beim System-Setup.

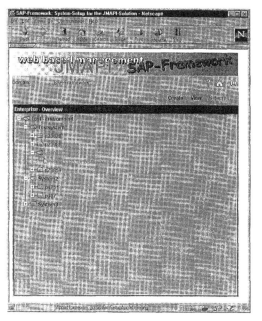

Abbildung 9.6–3 Das "System-Setup"

Dabei kann der Benutzer durch Auswahl von „Start" im „Selected"-Menü einen einzelnen „Host" starten. „Starten" bedeutet hierbei, das zuerst der betreffende `HostMOAgent` gestartet wird, der dann wiederum ermittelt, wieviele und welche Segmente auf diesem Rechner verfügbar sind. Für jedes der hierbei gefundenen Segmente instantiiert und startet der `HostMOAgent` dann einen `SegmentMOAgent`, der dann die konkreten Daten aus diesem Segment bereitstellt. Während der `HostMOAgent` danach wieder gestoppt wird, läuft der `SegmentMOAgent` solange weiter, bis dieser explizit vom Benutzer gestoppt wird.

9.6.3.4 Implementierung der GUI-Komponenten

Wie bereits weiter oben ausgeführt, benötigt jedes modellierte „managed object" für eine JMAPI-typische Benutzungsschnittstelle mehrere GUI-Komponenten, die im Rahmen dieser Arbeit implementiert wurden. Im einzelnen waren dies zum einen ein spezielles „Property Book", für die Anzei-

- 85 -

ge und Konfiguration der Eigenschaften eines „managed object", sowie zum anderen ein „Content Manager", der mehrere Instanzen dieses „managed object" darstellt.

Zudem wurden die benötigten Applets und Dialoge implementiert, die solch ein „Property Book" oder einen „Content Manager" anzeigen.

10 Schlußwort

10.1 Zusammenfassung und Ausblick

Ein Ziel dieser Arbeit war zu untersuchen und zu bewerten, welche Möglichkeiten web-basiertes Management beinhaltet.

WBM

Tatsächlich bietet ein web-basiertes Managementsystem in Hinblick auf bestehende Managementplattformen einige Vorteile wie z.B. die hohe Verfügbarkeit auf (fast) jedem Browser, die vielfältigen Möglichkeiten, auch verteilte Ressourcen zu „managen" oder die benutzerfreundliche Gestaltung der Managementapplikationen. Hinsichtlich Performance und Wartbarkeit solcher Systeme muß dagegen sicherlich noch weitergedacht werden. Auch müssen die offenen Frage hinsichtlich der Sicherheit solcher Managementlösungen geklärt werden.

WBEM vs. JMAPI

Die beiden untersuchten Ansätze für web-basiertes Management offenbaren an mehreren Stellen Gemeinsamkeiten (grundsätzliche Architektur, Rolle der „Managereinheit"). Ein wesentlicher Unterschied in den derzeit vorliegenden Versionen ist mit Sicherheit die Art und Weise, wie die abzubildende Systemlandschaft modelliert wird. JMAPI bietet hier mit den „Base Objects" im Vergleich zum „Common Information Model" (CIM) von WBEM die weitaus pragmatischere Lösung.

Da aber auch JMAPI in absehbarer Zeit eine Implementierung des CIM-Standards enthalten wird, bleibt abzuwarten, ob sich die beiden „Konkurrenten" auch in anderen Bereichen (noch) weiter annähern.

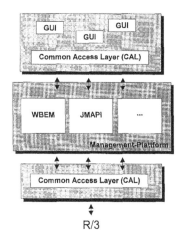

Abbildung 10.1–1 Möglicher Erweiterung der CAL

CIM

In diesem Zusammenhang ist auch die Entwicklung, die CIM in den letzten Monaten erlebt hat, erwähnenswert. Zu Beginn dieser Arbeit war CIM „nur" das in WBEM enthaltene Beschreibungsschemata für „managed objects". Mittlerweile hat CIM eine weit darüber hinausreichende Bedeutung erlangt, was u.a. dazu geführt hat, daß WBEM nur als eine von mehreren möglichen Implementierungen von CIM angesehen wird. CIM hingegen wird wohl der allgemein verbreitete Standard für die objektorientierte Modellierung und Beschreibung von Systemen ganz allgemeiner Art werden.

Sprachabhängigkeit

Ein weiterer Unterschied ist sicherlich die Tatsache, daß WBEM auf keine (Implementierungs-) Sprache fixiert ist, und es durchaus denkbar ist, daß ein WBEM-System Teile enthält, die in verschiedenen Sprachen implementiert wurden. JMAPI präsentiert sich in diesem Zusammenhang als „100% Java", wodurch in manchen Teilen (z.B. dem verwendeten Kommunikationsprotokoll) nicht ganz die Flexibilität von WBEM erreicht wird.

JMAPI „Look and Feel"

Als durchweg guter Ansatz präsentierte sich das JMAPI „Look and Feel" einer Benutzungsschnittstelle; die darin enthaltenen Ideen, Grundgedanken und Abläufe ermöglichen den Entwurf und die Gestaltung intuitiver und ansprechender Benutzungsschnittstellen. Für die praktische Arbeit sind aber unbedingt noch weitere Werkzeuge erforderlich, die den Entwickler in diesem Bereich (noch) mehr entlasten. Grundsätzlich müssen zudem weitere Werkzeuge geschaffen werden, die den Entwickler unterstützen, so daß dieser sich auf die wesentlichen Aufgaben konzentrieren kann (wie z.B. die Optimierung des Objektmodells).

Framework

Das implementierte Framework ermöglicht die Integration der beiden Ansätze und erlaubt dadurch die gemeinsame Nutzung der GUI-Komponenten. Ein Aspekt, der hinsichtlich des Aufwandes beim Bau solcher GUI-Komponenten nicht zu vernachlässigen ist. Zudem begibt man sich durch den Einsatz eines solchen Frameworks in keine direkte Abhängigkeit von einer Lösung.

WBEM

Selbstverständlich wäre eine Implementierung der WBEM-Lösung als mögliche Fortsetzung dieser Arbeit denkbar; diese sollte aber auf Grund der Flexibilität des Frameworks ohne größere Probleme realisierbar sein.

Erweiterungen

Mit Beendigung dieser Arbeit ist eine gemeinsame Nutzung der GUI-Komponenten durch mehrere Managementlösungen möglich. In einem weiteren Schritt wäre es durchaus denkbar, die „Common Access Layer" (CAL) auch auf Agentenebene einzusetzen, und so die Entwicklung von Agenten zu erlauben, die beliebige Managementplattformen mit Daten versorgen können.

Dadurch wäre es z.B. einer Firma wie der SAP möglich, Agenten und GUI-Komponenten unabhängig von der Managementplattform, die beim Kunden installiert ist, zu entwickeln und auszuliefern. Abbildung 10.1-1 zeigt diese mögliche Erweiterung der CAL.

Die Beschäftigung mit gegenwärtigen und zukünftigen Web-Technologien und die Einbettung der theoretischen Darstellung von WBEM und JMAPI in die konkreten Anfordernisse, die das R/3-System stellt, erwiesen sich als sehr motivierend und interessant.

Man darf gespannt sein, wie sich der Bereich des web-basierten Managements in den nächsten Monaten und Jahren entwickeln wird. Welcher der beiden untersuchten Ansätze sich letztendlich zum Standard entwickeln wird, kann zum gegenwärtigen Zeitpunkt nicht entschieden werden. Daß sich aber web-basierte Lösungen grundsätzlich durchsetzen werden, scheint nach Meinung des Autorens sicher.

10.2 Danksagung

An dieser Stelle möchte ich es nicht versäumen, mich ganz ausdrücklich bei Herrn Arnold Klingert für die gute Betreuung während meiner Diplomarbeit zu bedanken. Dank gilt aber auch Herrn Michael Schuster, der diese Diplomarbeit in der Abteilung Basis / CCMS der SAP AG erst ermöglichte, sowie allen Kolleginnen und Kollegen, die für ein gleichsam entspanntes wie produktives Arbeitsklima sorgten. Hierbei möchte ich insbesondere Herrn Nikolai Jordt und Herrn Julian Dröscher nennen, die mich in das R/3-Systemmanagement einführten.

Mein ganz besonderer Dank gilt außerdem Herrn Prof. Sebastian Abeck sowie Herrn Christian Mayerl, die von Seiten der Universität Karlsruhe für die Betreuung verantwortlich zeichneten.

11 Literaturverzeichnis

Neben den im folgenden aufgeführten Literaturhinweisen erhält man weitere Information über die verschiedenen Themen am Besten im Internet. Speziell in dem „jungen und dynamischen" Gebiet des web-basierten Management ist das Internet eine wichtige und nicht zu unterschätzende Informationsquelle. Daher an dieser Stelle einige lohnende „Einstiegspunkte":

♦ **Internet-Techniken**

   http://www.w3.org/

♦ **Web-basiertes Management**

   http://www.mindspring.com/~jlindsay/webbased.html

   http://www.qds.com/net_webbased.htm

   http://www.cforc.com/cwk/net-manage.cgi

♦ **„Web Based Enterprise Management" (WBEM)**

   http://wbem.freerange.com/default.htm

   http://www.microsoft.com/management/wbem/

♦ **„Common Information Model" (CIM)**

   http://www.dmtf.org

♦ **Programmiersprache „Java"**

   http://www.javasoft.com/

   http://www.javaworld.com/

♦ **„Java Management API" (JMAPI)**

   http://www.javasoft.com/products/JavaManagement/

[Bar97]   Franck Barillaud. *Network Management using Internet Technologies.* Proceedings of the Fitfth IFIP/IEEE International Symposium on Integrated Network Management, May 1997

[Beans96]   *JavaBeans Specification.* SUN Microsystems, Dezember 1996

[BDKK96]   J. Borchers, O. Deussen, A.Klingert und C. Knörzer. *Layout Rules For Graphical Web Documents.* Computer Graphics, Vol. 20, No.3, 1996

[BEG96]   R. Buck-Emden, J.Galimow. *Die Client/Sever-Technologie des SAP-Systems R/3.* Addison-Wesley, 1996 - 3. aktualisierte Auflage

[Bla94]   U. Black. *Network Management Standards.* McGraw-Hill, 1994 - Second Edition

·[Bla95]   U. Black. *TCP/IP and Related Protocols.* McGraw-Hill, 1995

[CH97]   G. Cornell und C. S. Horstmann. *Core Java - Second Edition.* SUN Microsystems, 1997

[Con96]   Thomas Conrad. *Weaving the Management Web.* Data Communications, Januaray 1996

[Des96]   A. Desoto. *Using The Beans Development Kit 1.0 - A Tutorial.* JavaSoft, October 1996

[DT97]	C. Dichter und C. Tynes. *Which Java Visual Development Environemt Is Best For You?*. JavaWorld, Juni 1997
[EGN96]	A.Engels, J.Gresch, N.Nottenkämper. *SAP R/3 kompakt*. TEWI, 1996
[Fla97]	D. Flanagan. *Java in a Nutshell - Second Edition*. O'Reilly, 1997
[HS93]	H.-G. Hegering und S. Abeck. *Integriertes Netz- und Systemmanagement*. Addison Wesley Publishing Company, 1993
[HS96]	I. Hudis and A. Sinclair. *HyperMedia Management Protocol Overview*. Internet Draft, 1996
[HMMP-0]	*HyperMedia Management Protocol (HMMP) Overview*, Internet Draft, 1996
[HMMP-1]	*HMMP Events*, Internet Draft, Mai 1997
[HMMP-2]	*HMMP Security and Administration*, Internet Draft, Mai 1997
[HMMP-3]	*HMMP Mandatory Schema*, Internet Draft, 1996
[HMMP-4]	*HMMP Managed Object Format*, Internet Draft, 1996
[HMMP-5]	*HMMP Query Definitions*, Internet Draft, 1996
[HMMP-6]	*HMMP Protocol Operations*, Internet Draft, 1996
[Hug97]	M. Hughes. *JavaBeans And ActiveX Go Head To Head*. JavaWorld, März 1997
[JMAPI-0]	*Java Management API Architecture*. SUN Microsystems, September 1996
[JMAPI-1]	*Java Management Programmer's Guide*. SUN Microsystems, November 1996
[JMAPI-2]	*Java Management API User Interface Style Guide*. SUN Microsystems, November 1996
[JMAPI-3]	*Java Management API User Interface Visual Design Syle Guide*. SUN Microsystems, November 1996
[JNI97]	*Java Native Interface Specification*. SUN Microsystems, Mai 1997
[Kli96]	A. Klingert. *Einführung in Graphische Fenstersysteme*. Springer-Verlag, Heidelberg 1996
[Koc95]	P. Koch-Steinheimer. *HTML-Veröffentlichen im Internet*. Verlag Harri Deutsch, Frankfurt 1995
[Kro95]	E.Krol. *Die Welt des Internet*. O'Reilly / International Thomson Verlag, Bonn 1995
[Kya94]	O.Kyas. *Internet - Zugang, Utilities, Nutzung*. Datacom-Verlag, Bergheim 1994.
[Laq94]	T. Laquey. *Internet Companion*. Addisson-Wesley, 1994.
[Lar96]	Amy K-Larsen. *The Next Web Wave: Network Management*. Data Communications, January 1996
[Mas97]	M.C.Maston. *Using the World Wide Web and Java for Network Service Management*. Proceedings of the Fitfth IFIP/IEEE International Symposium on Integrated Network Management, May 1997

[Mur97]   K. Murphy. *The Procs And Cons of JDK 1.1*. JavaWorld, April 1997

[Orc97]   D. Orchard. *A Detailed Look Where Java Goes This Year And In The Near Future*. JavaWorld, Juni 1997

[PC93]   D.M. Piscitello, A.L. Chapin. *Open Systems Networking*. Addison-Wesley, Reading 1993.

[RPR97]   B.Reed, M.Peercy, E.Robinson. *Distributed systems management on the web*. Proceedings of the Fitfth IFIP/IEEE International Symposium on Integrated Network Management, May 1997

[RMI97-0]   *Java Remote Method Invocation - Spezification*. SUN Microsystems, Februar 1997

[RMI97-1]   *Java RMI Tutorial*. SUN Microsystems, Februar 1997

[Sei94]   J. Seitz. *Netzwerkmanagement*. Thomson, 1994

[Sha96-0]   R. Shawn. *Managing The Networked World With Java*. Java World, November 1996

[Sha96-1]   R. Shawn. *WBEM And JMAPI On The Rise*. Sun World Online, November 1996

[Sho97]   M. Shoffner. *JavaBeans vs. ActiveX: Strategic Analysis*. JavaWorld, Februar 1997

[Sta93]   W.Stallings. *SNMP, SNMPv2, and CMIP. The practical Guide to Network-Management Standards*. Addison-Wesley, Reading 1993

[Swa95]   R. K. Swadley. *Internet Unleashed*. Sams.net Publishing, 1995

[WBM-0]   *Web-Based Management*. 3COM Technical papers. 1997

[WBM-1]   *Web Based Management*. Desisys, Oktober 1996

[WBM-2]   *Web Based Network Management*. Bay Networks, 1996

12 Anhang

12.1 Das „Common Information Model" (CIM)

12.1.1 Das „Meta-Schema"

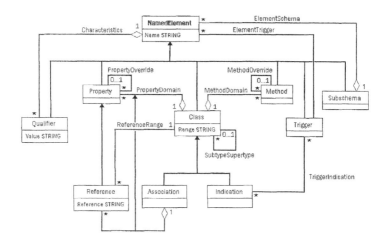

12.1.2 Das „Common Schema"

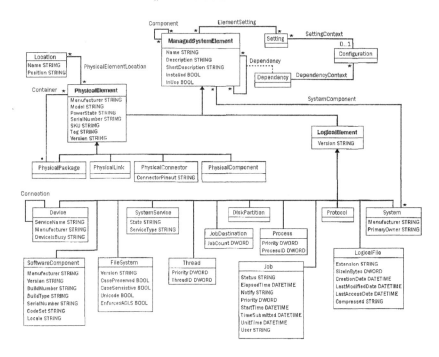

Diplomarbeiten Agentur

Die Diplomarbeiten Agentur vermarktet seit 1996 erfolgreich
Wirtschaftsstudien, Diplomarbeiten, Magisterarbeiten, Dissertationen
und andere Studienabschlußarbeiten aller Fachbereiche und Hochschulen.

Seriosität, Professionalität und Exklusivität prägen unsere Leistungen:

- Kostenlose Aufnahme der Arbeiten in unser Lieferprogramm
- Faire Beteiligung an den Verkaufserlösen
- Autorinnen und Autoren können den Verkaufspreis selber festlegen
- Effizientes Marketing über viele Distributionskanäle
- Präsenz im Internet unter **http://www.diplom.de**
- Umfangreiches Angebot von mehreren tausend Arbeiten
- Großer Bekanntheitsgrad durch Fernsehen, Hörfunk und Printmedien

Setzen Sie sich mit uns in Verbindung:

Diplomarbeiten Agentur
Dipl. Kfm. Dipl. Hdl. Björn Bedey –
Dipl. Wi.-Ing. Martin Haschke ––––
und Guido Meyer GbR –––––––

Hermannstal 119 k ––––––––
22119 Hamburg –––––––

Fon: 040 / 655 99 20 –––––––
Fax: 040 / 655 99 222 ––––––

agentur@diplom.de ––––––––
www.diplom.de –––––––